Ausrüstung

Vorbereitungen

Bessere Reisefotos

Fotobereiche, Motive

Nach der Reise

Anhang

001rf Abb.: hh

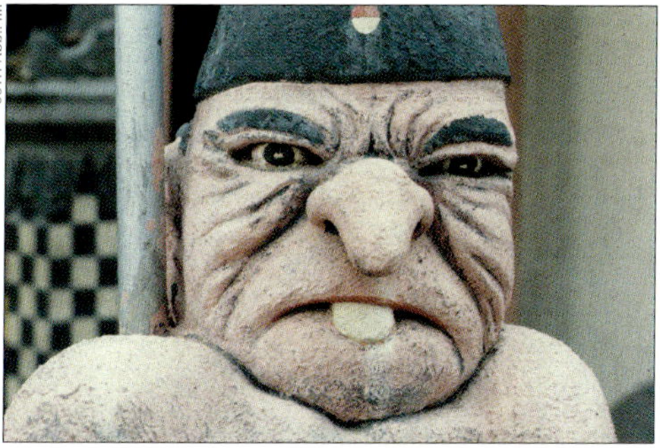

Helmut Hermann
Reisefotografie

„Jedes Foto ist eine Botschaft seiner Zeit"
Helmut Hermann

002rf Abb.: hh

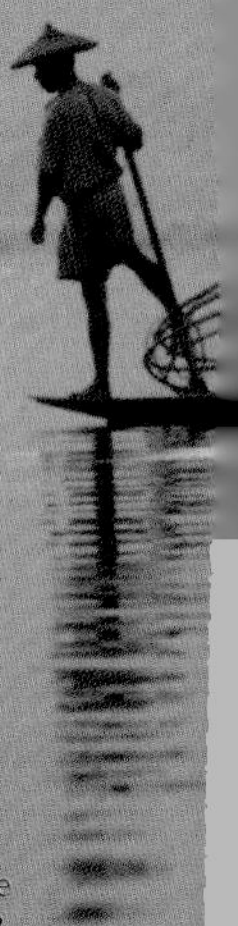

Impressum

Wir freuen uns über Kritik, Kommentare und Verbesserungsvorschläge.

Alle Informationen in diesem Buch sind vom Autor mit größter Sorgfalt gesammelt und vom Lektorat des Verlages gewissenhaft bearbeitet und überprüft worden.

Da inhaltliche und sachliche Fehler nicht ausgeschlossen werden können, erklärt der Verlag, dass alle Angaben im Sinne der Produkthaftung ohne Garantie erfolgen und dass Verlag wie Autor keinerlei Verantwortung und Haftung für inhaltliche und sachliche Fehler übernehmen.

Die Nennung von Firmen und ihren Produkten und ihre Reihenfolge sind als Beispiel ohne Wertung gegenüber anderen anzusehen. Qualitäts- und Quantitätsangaben sind rein subjektive Einschätzungen des Autors und dienen keinesfalls der Bewertung von Firmen oder Produkten.

Helmut Hermann
Reisefotografie
erschienen im
Reise Know-How Verlag Peter Rump GmbH
Osnabrücker Straße 79, 33649 Bielefeld

2. Auflage 2003

Gestaltung
Umschlag: G. Pawlak, P. Rump (Layout), G. Pawlak (Realisierung)
Inhalt: G. Pawlak (Layout), C. Blind (Realisierung)
Redaktionelle Bearbeitung: Klaus Werner
Fotos: der Autor (hh)

Druck und Bindung
Fuldaer Verlagsagentur

ISBN 3-8317-1120-8
Printed in Germany

Dieses Buch ist erhältlich in jeder Buchhandlung der BRD, Schweiz und Niederlande sowie Österreichs und Belgiens. Bitte informieren Sie Ihren Buchhändler über folgende Bezugsadressen:

BRD
Prolit GmbH, Postfach 9, 35461 Fernwald (Annerod)
sowie alle Barsortimente
Schweiz
AVA-buch 2000, Postfach 27, CH-8910 Affoltern
Österreich
Mohr Morawa Buchvertrieb GmbH
Sulzengasse 2, A-1230 Wien
Niederlande, Belgien
Willems Adventure
Postbus 403, NL-3140 AK Maassluis

Wer im Buchhandel trotzdem kein Glück hat, bekommt unsere Bücher direkt bei: **Rump Direktversand,** Heidekampstraße 18, D-49809 Lingen (Ems) oder über unseren **Büchershop im Internet: www.reise-know-how.de**

Helmut Hermann

Reisefotografie

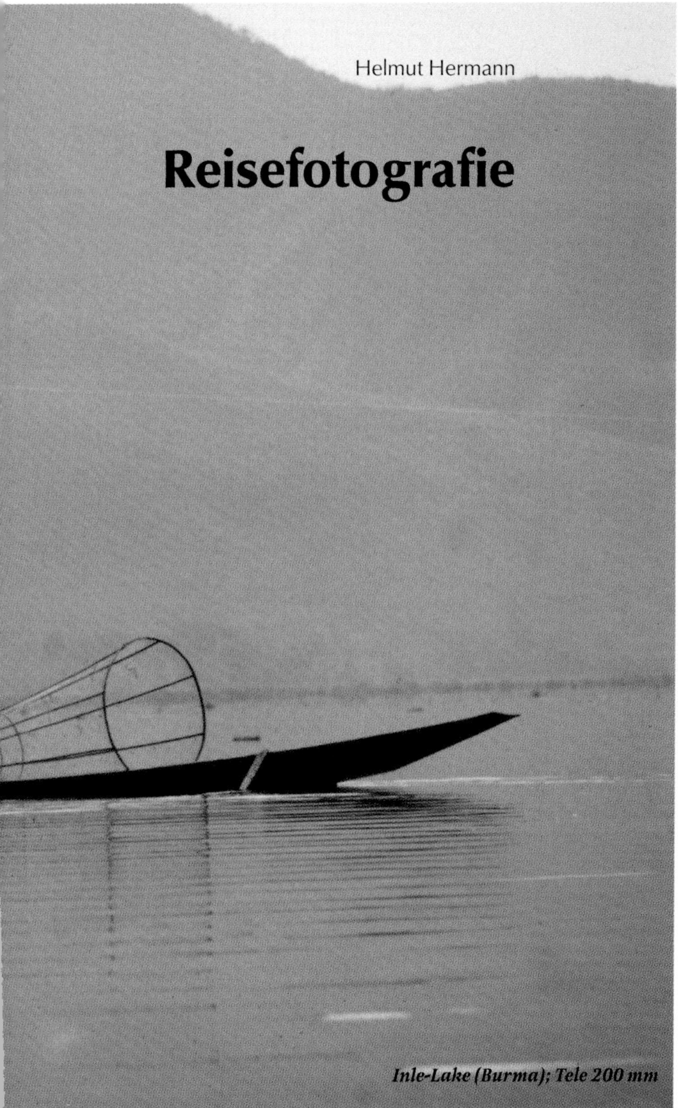

Inle-Lake (Burma); Tele 200 mm

Inhalt

Fotobereiche und Motive

Nach der Reise

Anhang

Vorwort

Auf Reisen zu fotografieren ist für die meisten sicherlich eine der faszinierendsten Betätigungen unterwegs. Dieses Buch will sowohl Neulingen als auch Erfahrenen Tipps und Hinweise geben, wie man Reiseeindrücke gekonnt fotografiert und das Gespür für interessante Motive schärft. Es hilft bei der Zusammenstellung der Ausrüstung und geht im praktischen Teil mit vielen Ratschlägen und Aufnahmebeispielen umfassend auf nahezu alle Motivarten ein, die einem unterwegs vor die „Optik" kommen. Das Buch zeigt auch, wie man sensibel mit Menschen anderer Kulturen vor der Kamera umgehen kann, denn neben Landschaften, Bauwerken und Natur spiegeln vor allem die Menschen den Charakter eines Landes wider. Darüber hinaus gibt es spezielle Anregungen für Rucksack-, Fahrrad-, Kanu- oder Expeditionsreisende.

Junge in Nordthailand; Weitwinkel 21 mm

003rf Abb.: hh

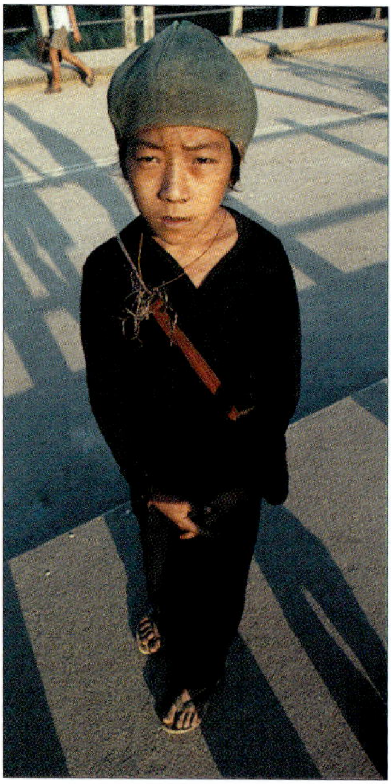

Will man seine Fotoergebnisse verbessern, muss man allerdings auch ein paar Seiten Theorie durchblättern, weil die Kenntnis der wenigen technischen und bildgestalterischen Zusammenhänge es vereinfacht, Bildideen zu realisieren. Dabei setze ich auf Ihre Phantasie und Inspiration.

Das Buch wurde in erster Linie für das Fotografieren mit Spiegelreflex-Kameras konzipiert, doch auch Einsteiger mit einer guten Kompakt-, Sucher- oder Digitalkamera werden in ihm jede Menge Ratschläge und Impulse für charakteristischere Reisefotos finden.

Ich hoffe, dass dieser Praxisband Ihnen noch ungeahnte Möglichkeiten aufzeigt, die Welt mit dem Auge der Kamera auf eigenwillige Weise neu zu entdecken und dass somit Ihre nächste Reise zum kreativen Abenteuer wird.

Herzlichst, Ihr Helmut Hermann

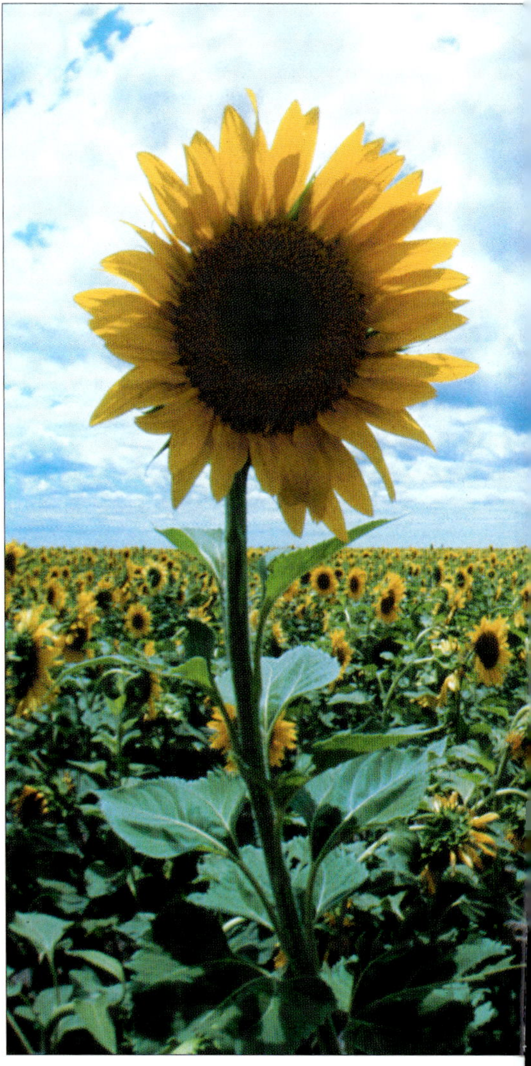

Sonnenblumen (Argentinien); Fish-eye-Objektiv 16 mm

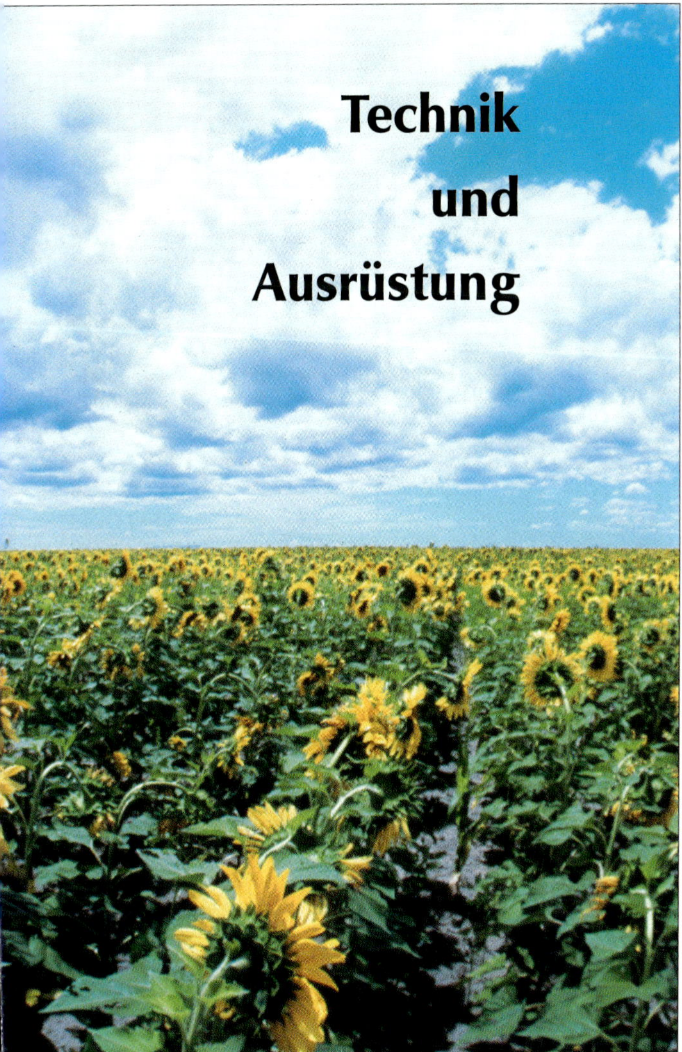
Technik
und
Ausrüstung

Kameras

Spiegelreflex-Kameras

Eine Spiegelreflex-Kamera ist für Reisen nach wie vor der beliebteste Kameratyp. Sie sind universell, preisgünstig und bieten die größte Typenauswahl. Die High-Tech-Ausstattungen lassen keine Wünsche mehr offen, das Gesamtangebot an Modellen und Objektiven ist kaum mehr überschaubar. Marktbeherrschend und technologisch führend sind Canon, Nikon und Minolta. Die Ausstattung mit ↗Autofokus (AF) ist heute selbstverständlich.

Autofokus: *Automatische Scharfeinstellung des anvisierten Objekts. Es gibt aktiven und passiven Autofokus: aktiv mit Hilfe eines Infrarotsignals, passiv durch den Bildkontrast.*

Zu den wenigen **Manuelfokus-Kameras** (MF-Kameras) gehören (allesamt bejahrt): Canon F 1 und T 90, die Contax 167 MT, die Leica R 5 und R 6, Nikon FE, FM und F3, Olympus OM-4Ti, Pentax LX, Rolleiflex 3001 und 3003 sowie noch ein paar andere.

Auf Autofokus verzichten? *Autofokus-Kameras stellen die Schärfe zweifelsfrei schneller ein als von Hand, besonders mit Teleobjektiven (Tier-, Sport- und Porträtfotos). Wer überwiegend Landschafts- oder Gelegenheitsfotos macht, kann auf AF verzichten. Der Strom- bzw. Batterieverbrauch ist enorm.*

Sind die komplizierten, hochgezüchteten High-End-Kameras für gute Fotos wirklich entscheidend? Die Kamera-Industrie will es uns schon immer weismachen. Kaum eine andere versteht so geschickt zu suggerieren, dass bessere Bilder nur durch ein immer Mehr an Technik und Elektronik zu erzielen seien. Draufdrücken, und alles wird „perfekt" ... – doch wo bleibt da der Reiz des gestalterischen Fotografierens? Jeder Amateur weiß, dass die Technik der Kamera im Vergleich zu den Problemen des Motivs fast völlig zurücktritt. Nichts gegen nützliche Elektronik, doch worauf es auch heute ankommt, sind **Gespür, geschulte**

Augen und **Bildideen.** Ohne Wissen um Bildgestaltung und optische Zusammenhänge und ohne kreative Einfälle werden auch mit der raffiniertesten Kamera keine guten Fotos gelingen. Denn nach wie vor entsteht ein Bild zuerst im Kopf des Fotografen, nicht im elektronischen Gedärm von Kameras.

Mechanische Kameras

Fernreisen oder Expeditonen finden oftmals unter extremen Witterungsbedingungen statt. Große Hitze, hohe Luftfeuchtigkeit oder eisige Kälte können der Kameraelektronik und -technik erheblich zu schaffen machen (s. Kap. „Fotografie extrem: Hitze, Kälte, Wasser, Stoß und Staub"). Weniger anfällig in solchen Extremen sind **mechanische Kameras,** die Strom nur für die Belichtungsmessung benötigen. Im heutigen Digital-Zeitalter gibt es aber nur noch wenige „Mechaniker". Von Nikon kommen z.B. die Modelle FE 10 und die teurere, doch sehr gute FM 2, von Olympus die Klassiker OM 1 oder die OM 3 und von Yashica die FX 3 super 2000.

Eine Sonderklasse für sich ist die Leica M 6, eine ↗Messsucherkamera mit wahren Objektiv-Juwelen, und auch die Spiegelreflexkamera R 7 ist bereits ein Klassiker auf höchstem Preisniveau. Doch das Monopol für Messsucherkameras besitzt Leica nicht

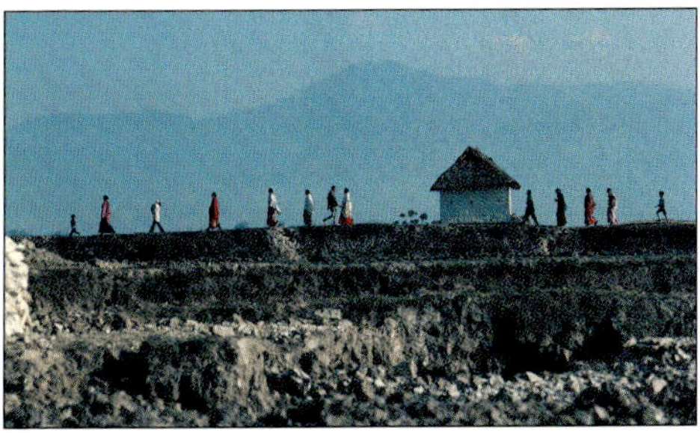

005rf Abb.: hh

Morgenmarsch in Nepal; Tele 200 mm

mehr: Ernste Rivalen sind z.B. die Hexar RF von Konica (Leica-M-Objektive sind mit ihr kompatibel!) und auch die Contax G 2. Bezahlbarer sind die Messsucherkameras von Voigtländer, die Bessa L und die neuere Bessa R (genannt „Leica für Arme"; Wechselobjektive mit 15, 25, 35 und 75 mm).

Messucherkamera

Eine Messsucherkamera ist keine Spiegelreflexkamera, sondern eine Kamera mit einem optischen Durchsichtssucher, der gleichzeitig als Motivsucher und Entfernungsmesser dient (Schnittbildentfernungsmesser). Die Bildbegrenzung übernehmen eingespiegelte Leuchtrahmen für Wechselobjektive mit meist 28, 35, 50, 90 und 135 mm Brennweite. Diese Konstruktion erlaubt relativ schmale Kameragehäuse, und da kein Spiegel weggeklappt werden muss, ist eine Messsucherkamera sehr leise und für Reportagen und Schnappschüsse bestens geeignet.

Blende

Die Blende regelt die Menge des einfallenden Lichts. Die Blendenreihe: 1,0 - 1,4 - 2 - 2,8 - 4 - 5,6 - 8 - 11 - 16 - 22 - 32.

Der Schritt von einem Zahlenwert zum nächsten bedeutet eine Belichtungs-Halbierung beziehungsweise Verdoppelung.

*Im Sprachgebrauch ist eine **große Blende** eine offene Blende (also z.B. 2,8). Eine **kleine Blende** ist eine nahezu geschlossene Blende, also z.B. 16.*

Kauf-Tipps Kamera

Welches Modell man bei einem Neukauf in Betracht zieht, hängt von den fotografischen Absichten und Ansprüchen ab. Die regelmäßig in den Fotozeitschriften erscheinenden Kameratests bieten dazu Entscheidungshilfen (oder z.B. das Heft „Einkaufsberater", von fotoMagazin, Nebendahlstr. 16, 22041 Hamburg). Erfahrungen zur Praxistauglichkeit bzw. zu Vor- und Nachteilen eines bestimmten Modells holen Sie sich jedoch besser bei ernsthaften Amateuren oder Profis, die schon länger mit Ihrer Wunschkamera fotografieren.

- *Zuerst verschaffe man sich Klarheit über seine fotografischen Bedürfnisse und Ansprüche.*
- *Lieber vom Guten etwas weniger als vom Zweitklassigen mehr. Das Allerneueste ist meist zu teuer und hat sich noch nicht bewährt. Marktführer bevorzugen.*
- *Kein Kameramodell kaufen, an dem die Objektive aus der neuesten Serie des Herstellers nicht installierbar sind (Bajonettänderung).*
- *Möglichst nur Original-Objektive kaufen.*
- *Keine der überzüchteten Kameras wählen, wenn man deren Funktionen nicht benötigt oder nicht damit klarkommt. An ↗Belichtungsautomatiken benötigt man meist nur ↗Zeit- oder ↗Blendenautomatik, ↗TTL-Blitzautomatik sowie ↗manuelle Einstellung.*
- *Auf ein überlichtstarkes 50-mm-Normalobjektiv (1:1,2 oder 1:1,4) verzichten - es sei denn, man benötigt einen solchen Glasklotz wirklich (Dämmerungsfotografie). Statt eines 50-mm-Objektivs generell gleich ein 35- oder 28-mm-Weitwinkel kaufen.*
- *Besonders wichtig für Brillenträger: Das Sucherbild muss groß, hell und übersichtlich sein*
- *Preise für Kameras und Objektive variieren stark, ein genauer Vergleich lohnt sich.*

Zeitautomatik:
Nach Vorwahl der Blende wählt die Kamera automatisch die richtige Belichtungszeit.

Programmautomatik:
Automatikfunktion, bei der die Kamera in Abhängigkeit von der Lichtmenge, der Filmempfindlichkeit und auch der verwendeten Objektivbrennweite die bestmögliche Zeit-Blenden-Kombination vorwählt.

Blendenautomatik:
Nach Vorwahl der Zeit wählt die Kamera automatisch den richtigen Blendenwert.

Manuelle Einstellung:
Einstellung der Blende und Zeit per Hand nach persönlicher Einschätzung der richtigen Belichtung. Angebracht bei problematischen Lichtverhältnissen, Belichtungsexperimenten und bei Belichtungsreihen.

TTL-Blitzautomatik:
*Die Abstrahldosis des für eine korrekte Belichtung benötigten Blitzlichts wird (wie die Belichtung) „**T**hrough-**T**he-**L**ens“, d.h. durch das Objektiv, direkt auf der Filmemulsion gemessen, und zwar exakt in dem kurzen Augenblick des Belichtungsvorgangs. Die Kameraelektronik schaltet das Blitzgerät ab, sobald der Film richtig belichtet ist. Dies garantiert optimale Belichtung auch bei Mischung von Blitz- und Tageslicht.*

Kompakt- und APS-Kameras

Eine handliche **Kompaktkamera** ist ideal, wenn man keine schwere und umfangreiche Spiegelreflexausrüstung herumschleppen möchte. Ihr größter Vorteil ist leises, unauffälliges Fotografieren, und man hat sie immer dabei. Als Zweitkamera zu einer Spiegelreflex empfiehlt sich ein Modell mit einer Festbrennweite 35 mm oder eine mit Weitwinkelzoom (z.B. 28–70 mm; allerdings muss man dabei erhebliche Abstriche bei der Lichtstärke hinnehmen). Die Modellvielfalt ist nicht mehr überschaubar. Auch hierfür bieten Fotozeitschriften Vergleichstests. Hochpreisige Edelkompaktkameras mit Festbrennweiten und auch mit Zoom-Objektiven fertigen Leitz, Minolta, Contax, Konica und Nikon.

APS-Kameras (Advanced Photo System) sind noch kleiner als Kompaktkameras, außerdem schick und leicht, was sie fürs Reisen gleichfalls als Zweitkamera für gewöhnliche Erinnerungsaufnahmen prädestiniert (Prints).

APS-Kameras verwenden einen noch kleineren Film als Spiegelreflex- bzw. Kompaktkameras (spezielle Filmpatrone). Sie besitzen meist ein (lichtschwaches) Zoom-Objektiv. Ihr Vorteil ist, dass man für Papierabzüge jederzeit unter drei Formaten wählen kann: Breitbild (H, 9:16), Classic (C, 2:3) und Panorama (P, 1:3). Außerdem bekommt man mit den Fotos einen sog. Index-Print geliefert, der die Identfizierung und Verwaltung der Prints erleichert.

Digital-Kameras

Waren Digital-Kameras früher noch relativ plumpe Apparaturen, so gibt es heute semiprofessionelle Modelle mit allen technischen Finessen, die trotz

Digitale Fotofachlabors

Adressen stehen in den „Gelben Seiten“, z.B. Digital Photo Center (Hammerweg 6, 66133 Saarbrücken, E-Mail: DPC-LAbor@t-online.de).

Auch die Firma Photo Porst bietet in ihren Vertriebsstellen die Möglichkeit, von Digitalfotos Papierabzüge zu bekommen. Man sendet dazu seine Daten online an Photo Porst, kann die Bilder begutachten und auswählen und später die Abzüge im nächsten Photo-Porst-Laden abholen (www.photo-porst.de; in Österreich und der Schweiz: ww.bilderland.at).

Traditionelle Farbbilder von allen digitalen Speichermedien über das Internet bietet auch Foto-Quelle an (www.internet-print-service.de). Lieferung an einen Fotohändler, den der Kunde bestimmen kann, oder mit der Post an seine Adresse.

Die Pixelnet AG in Wolfen (www.pixelnet.de) ist ein Dienstleister rund um die digitale Fotografie, z.B. wie gehabt Bildübertragung an den Rechner der Firma, Bildspeicherung im Internet (Archivierung und Versand) oder Einsendung herkömmlich belichteter Filme zum Entwickeln und zusätzlich digitalisieren (Versand per E-Mail oder auf einer CD-ROM). KODAK (www.kodak.de), FUJI (www.fuji.de), AGFA (www.agfanet.de) und andere Firmen bieten ähnlichen Service an.

immer größerer Speicherchips laufend preiswerter werden. 2 Megapixel reichen völlig aus (Megapixel ist die Maßangabe, wieviel Bildpunkte der CCD-Sensor besitzt; je mehr, desto höher die Leistung bzw. Auflösung des Objektivs). Bei 3 Mio. Pixel lassen sich z.B. Printgrößen bis ca. 20 x 30 cm erzielen (ein herkömmlicher Kleinbild-Film entspricht vergleichweise ca. 10 Mio. Pixel). Nach dem Druck auf den Auslöser zeigt sich das Bild sogleich auf dem Mini-Bildschirm.

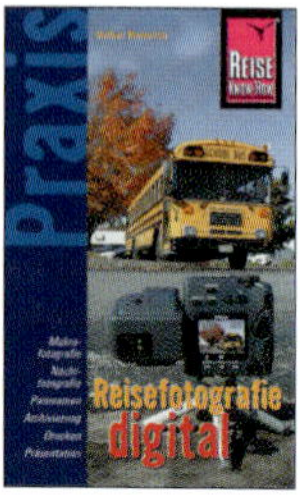

Literaturtipp
„Reisefotografie digital" von Volker Heinrich, Reise Know-How Verlag, Bielefeld. Digitaltechnik, Kaufberatung, Bedienung, Tipps für unterwegs, Bildbearbeitung und Präsentation.

Der Vorteil beim Reisen ist, dass man von unterwegs von jedem Internet-Café oder von Fotogeschäften mit Datenstationen (und in Zukunft auch übers Handy) seine digitalen Werke binnen Minuten vom Speicherchip an die heimatliche E-Mail-Adresse oder an Freunde transferieren kann (eine schnelle USB-Schnittstelle ist vorteilhaft). Digitalkameras haben einen sehr hohen Stromverbrauch, besonders dann, wenn man die Bilder auf dem Monitor lange begutachtet.

Wer seine Pixelbilder nicht nur auf dem PC-Monitor betrachten will (nachdem er sie dort bezüglich Ausschnitt, Retusche, Farboptimierung etc. mit einem Bildbearbeitungsprogramm optimiert hat), erreicht mittels eines Farbtintenstrahl-Druckers nahezu Fotoqualität. Allerbeste Print-Qualität bieten spezielle digitale Fotofachlabors, die die Daten auf echtem Fotopapier belichten.

In Zukunft wird sich die Grenze zwischen klassischer und digitaler Fotografie immer mehr verwischen; so gibt heute schon analoge Spiegelreflex-Kameras wie z.B. die Contax N1 mit aufsteckbarem LCD-Monitor.

006rf Abb.: hh

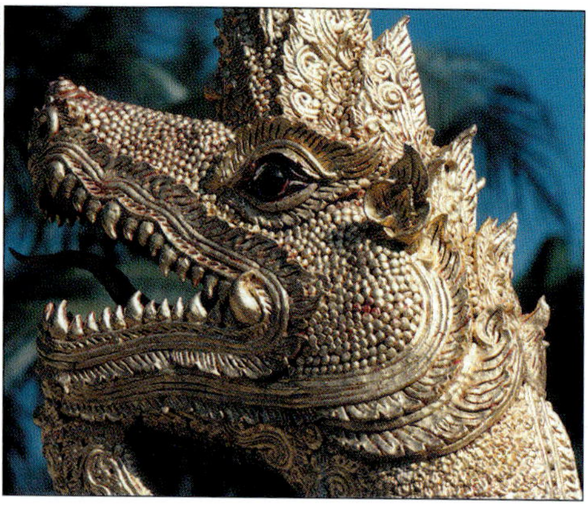

Thailand, Tempeldrache, Makro 55 mm; das Streiflicht arbeitet die Details heraus

Allwetter- und Unterwasserkameras

Diese Apparate sind speziell geeignet für Extremeinsätze, Expeditionen und schlechte Witterungsbedingungen. Staub, Sand, Schnee oder Wasserspritzer können den Kameras im Rustikal-Look nichts anhaben. Ideal für alle Wassersportler wie Segler, Schnorchler, Surfer, Kanuten, Taucher oder für Globetrotter, die mit ihrer Kamera absolut nicht sanft umgehen. Als Hauptkamera sind sie jedoch nicht empfehlenswert.

Man unterscheidet zwischen spritzwasserfesten Kompaktkameras, auch Allwetterkameras genannt, Unterwasser-Kameras für geringe Tiefen (ca. 5 m), echte Tauchkameras und Kameras in speziellen Unterwassergehäusen. Für gelegentliche Tauch- und Wassereinsätze kann man seine Spiegelreflex auch in spezielle Klarsichtbeutel packen (von der Firma Ewa-Marine).

Bekannteste Tauchkamera ist die Nikonos V von Nikon, ein komplettes Unterwasser-Kamerasystem mit Wechselobjektiven. Bis 5 m wasserdicht ist die APS-Kamera IXUS X-1 von Canon, und im Notfall schwimmfähig ist auch die Pentax Espio 104 WR (mit Zoom).

Richtige Unterwasserfotografie ist ein Spezialgebiet. Wer mehr darüber wissen will, muss zu Fachliteratur greifen (siehe Anhang, Katalog von Foto-Huppert bei „Bücher").

Objektive

Erst Wechsel- bzw. Zoomobjektive erschließen alle Möglichkeiten der praktischen und schöpferischen Fotografie. Doch sie sollten nicht nur unter dem Aspekt „mehr drauf" und „näher her" verwendet sondern vielmehr überlegt und optisch-kreativ ein-

Schärfentiefe

Auch „Tiefenschärfe“ genannt. Der Bereich vor und hinter der Entfernungseinstellung, der noch mit ausreichender Schärfe wiedergegeben wird. Die Ausdehnung hängt von der Abblendung, dem Aufnahmeabstand und der Brennweite des Objektivs ab. Bei mittleren Aufnahmedistanzen erstreckt sich die Schärfentiefe zu einem Drittel vor und zu zwei Dritteln hinter der eingestellten Entfernung.

Lichtstärke

Eine hohe Lichtstärke (z.B. 1:1,4 bei einem 50-mm-Normalobjektiv) heißt nicht, dass das Objektiv damit schärfer wäre - im Gegenteil. Je größer der Durchmesser, je mehr Linsen, desto mehr Abbildungsfehler (im Randbereich) können auftreten. Hohe Lichtstärken erzeugen aber ein helleres Sucherbild, ermöglichen damit leichteres Scharfstellen und kürzere Verschlusszeiten.

Fremdobjektive kaufen?

Viele leisten sich teure Kameramodelle, doch sparen dann an den Objektiven und kaufen Fremdfabrikate. Ich rate, nur Original-Objektive zu verwenden, auch wenn es dann bis zum Kauf etwas länger dauern sollte. Das Objektiv, nicht die Kamera, macht die Bilder !

gesetzt werden (dazu mehr im Kap. „Bildgestaltung mit Weitwinkel und Teleobjektiven“).

Ein gutes Objektiv erkennt man an seiner Mehrschicht- und Antireflexvergütung, eingebauter Streulichtblende, an einer spielfreien Entfernungseinstellung, an rastbaren Blendenzahlen, griffigen Einstellringen und einer Skala für die ↗Schärfentiefe.

Weitwinkel-Objektive

Große Bildwinkel schaffen ungewöhnliche Perspektiven und die Fähigkeit, „mitten drin“ im Geschehen zu sein. Der Eindruck von Raum und Tiefe ist sehr ausgeprägt, nahe Objekte werden hervorgehoben. Da die Schärfentiefe von Weitwinkel-Objektiven sehr groß ist, sind sie ideal für die Reisefotografie, für Schnappschüsse und schnelles Fotografieren. Enge Basargassen, drangvolle Märkte, Innenräume und vieles mehr erfaßt man nur mit Weitwinkel-Objektiven.

- **Fish-eye-Objektive** mit einem Bildwinkel von 180 bis 220 Grad zeichnen kreisrunde oder rechteckige Bilder. Riesiger Motivbereich, gewaltige Schärfentiefe, extrem verzerrend. Begrenzte und spezielle Einsatzmöglichkeiten.
- **Superweitwinkel bis 21 mm,** Bildwinkel 100 Grad und größer.

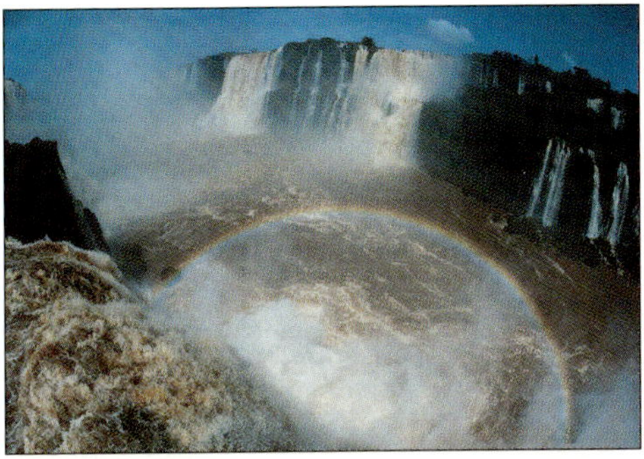

007rf Abb.: hh

Mit dem Fish-eye-Objektiv mitten drin: Iguazú-Wasserfälle (Argentinien)

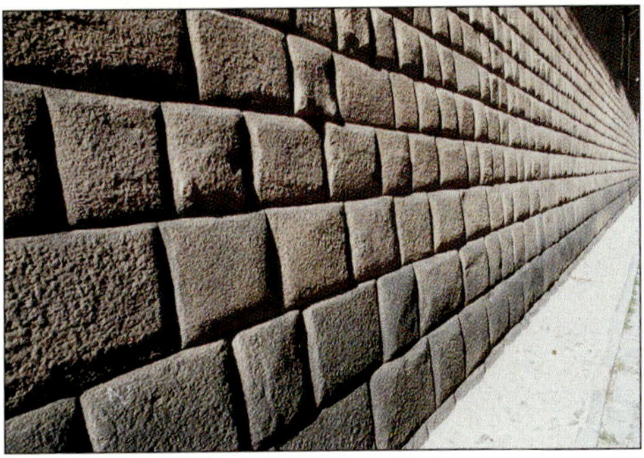

008rf Abb.: hh

Inka-Mauer in Cusco, Peru; „steile" Perspektive durch ein 21-mm-Weitwinkel

Für Aufnahmen mit stark übersteigernder Perspektive und für besondere Effekte. Sehr große Schärfentiefe, großer Bildausschnitt, außergewöhnlich perspektivische Gestaltungsmöglichkeiten. Für Architektur-Innenaufnahmen und alle Situationen, die extreme Bildwinkel verlangen. Anwendung verlangt Können und Erfahrung.

- **21 mm,** Bildwinkel 94 Grad; ausgeprägte Tiefenwirkung, erhebliche Verzerrungen bei verkanteter Kamera. Die sehr große Schärfentiefe erlaubt den Verzicht auf exakte Entfernungseinstellung. Für besonders dynamische Bildwirkung, Architektur und Action.

- **24 mm,** Bildwinkel 84 Grad; typische Weitwinkelwirkung, der wirkungsvolle Einsatz ist nicht immer ganz einfach.
- **28 mm,** Bildwinkel 74 Grad; das ideale Weitwinkel-Objektiv. Die Verzerrung hält sich noch in Grenzen, die Tiefenwirkung ist recht groß. Ideal für Reise, Landschaften, Schnappschuss und Architektur.
- **35 mm,** Bildwinkel 62 Grad. Universal-Objektiv für Reportage und Reisefotografie. Ohne die arttypischen Weitwinkel-Verzeichnungen, sehr gut geeignet anstelle eines 50-mm-Objektivs.

Normal- und Makro-Objektive

Ein 50-mm-Objektiv gibt in etwa den Sehwinkel eines Menschen und den natürlichen Augeneindruck wieder. In höchsten Lichtstärken erhältlich. In der Reisefotografie kann auf ein Normalobjektiv zugunsten eines 35-mm-Weitwinkels verzichtet werden. Wer es trotzdem benötigt: Eventuell ein 50-mm-Makro kaufen.

Makro-Objektive sind speziell für den Nahbereich gerechnet, doch ihre Schärfenqualität im Normalbereich ist gleichfalls überragend! Sie sind jedoch selten lichtstärker als 1:2,8 (weil nur die „scharfen“ Zentral-Lichtstrahlen genutzt werden).

Tele-Objektive

Tele-Objektive sind unentbehrlich zum „optischen Brückenschlag“, um Objekte heranzuholen, z.B. für Sport- und Tierfotos, für das Loslösen von Objekten vom Vorder- und Hintergrund, für unbemerktes Fotografieren. Sie sind die geeigneten Objektive, um außergewöhnliche, besonders dramatische und auch sehr ästhetische Bilder zu schaffen. Sie sollten in keiner Ausrüstung fehlen.

Gute Teleobjektive sind aus speziellen Glassorten gefertigt (Bezeichungen: APO, ED, SD u.a.). „IF" bedeutet Innenfokussierung, d.h., beim Drehen des Entfernungsrings des Objektivs wird es nicht länger oder kürzer.

Übliche Abstufungen: 85, 105, 135, 180, 200, 300, 400 mm und länger. Je länger die Brennweite, desto enger der Bildwinkel und geringer die Lichtstärke.

Die richtige Telebrennweite

Allgemein genügt eine Brennweite zwischen 100 und 200 mm. Brennweiten über 300 mm und länger werden eingesetzt in der Profi-, Sport- und Tierfotografie. Für die Reisefotografie sind sie uninteressant. Dafür kann man besser einen Konverter (s.u.) mitnehmen.

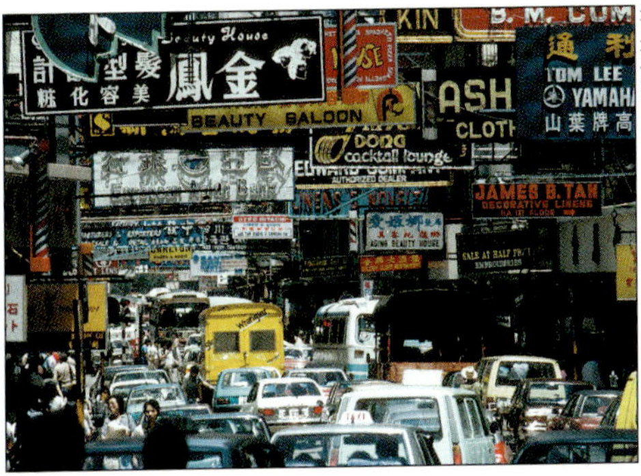

009rf Abb.: hh

Hongkong; „Verdichtung" durch ein 200-mm-Tele

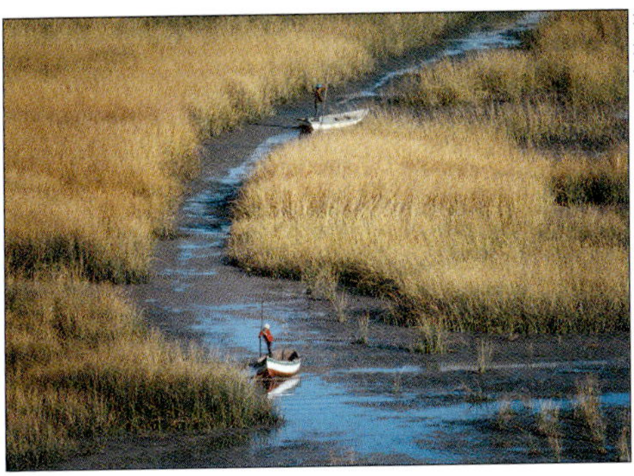

010rf Abb.: hh

Titicacasee (Bolivien); „Raffung" mit einem 200-mm-Tele

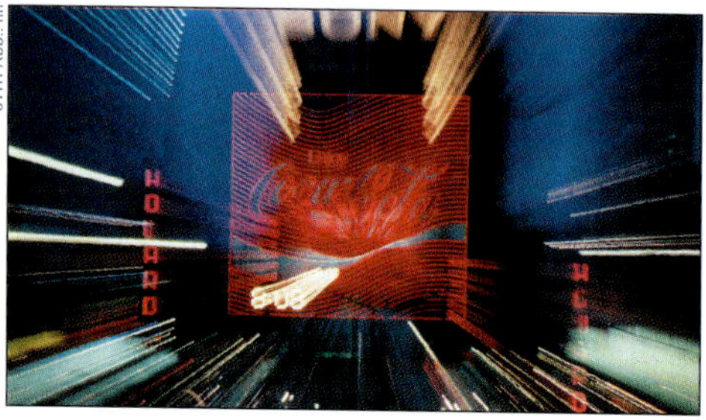

011rf Abb.: hh

„Explosionseffekt" mittels eines Zoom-Objektivs 80–200 mm (New York)

Zoom-Objektive

Diese Objektive mit veränderlicher Brennweite ermöglichen die schnelle Anpassung der Brennweite an die Aufnahmesituation. Damit erspart man sich das Mitführen mehrerer Festbrennweiten. Man unterscheidet **Schiebezooms,** bei denen die Brennweite durch Schieben verändert wird, und **Drehzooms,** bei denen die Brennweitenveränderung durch Drehen eines Objektivrings bewirkt wird.

Zoom-Objektive sind in allen nur denkbaren **Abstufungen** und Lichtstärken erhältlich: Gängig sind Weitwinkel bis normal (z.B. 28–50 mm), Weitwinkel bis Tele (35–70 mm, 28–135 mm) und Tele (80–200 mm und länger).

Sogenannte **Superzooms** (28–200 mm und länger) haben erhebliche Nachteile. Sie sind weniger lichtstark und haben geringere Abbildungsqualitäten als kürzere Zooms. Im Randbereich treten mehr oder weniger starke tonnen- und kissenförmige Verzeichnungen auf.

Ich arbeite mit einem Zoom 2,8/80–200 mm und liebäugle mit einem 2,8/17–35 mm. Der Preisbereich bei Zoom-Objektiven ist außerordentlich weitgespannt, und wer beste Qualtität möchte, muss meist mehr hinlegen, als seine Kamera einst gekostet hat!

Konverter

Das ist eine Art **Zwischenobjektiv,** das die Brennweite des verwendeten Objektivs je nach Konvertertyp um das 1,4-, 2- oder 3fache verlängert. Ein Konverter ist eine preiswerte und leichtgewichtige Alternative zu einem langbrennweitigen Teleobjektiv und ideal für die Reisefotografie.

Konverter sind aber „Lichtfresser": So **verringert** ein 2x-Konverter die **Lichtstärke** des verwendeten Objektivs um zwei Stufen, aus einem Tele 4/200 wird also ein 8/400. Gute Konverter sind nur für einen bestimmten Tele-Brennweitenbereich berechnet, beispielsweise bis 200 mm und ab 200 mm. Ideal finde ich einen 1:1,4-Konverter (macht aus einem 200er-Tele ein 300er).

Zubehör

Kleine Hilfsmittel sind beim Fotografieren wichtig. Entscheidend für bessere Ergebnisse ist jedoch nicht so sehr der Umfang diversen Zubehörs, sondern vielmehr die Fähigkeit des Fotografen, wenige Hilfsmittel technisch richtig und sinnvoll einzusetzen. Sie sollten zugunsten des Gewichts nur auf das absolut Notwendige beschränkt werden.

Blitzlichtgerät

Eine Spiegelreflexkamera verfügt heutzutage meist über ein kleines **eingebautes Blitzlicht,** das zwar leistungsschwach ist, aber im Nahbereich und zur Aufhellung von Schatten gute Dienste erfüllt.

Wer öfter blitzen will, muss ein **externes Gerät** mitnehmen. Das

Lebensdauer verlängern
Ein selten benutztes Blitzgerät lebt länger, wenn der Kondensator von Zeit zur Zeit voll aufgeladen wird: Blitzgerät anschalten und warten, bis die Kontrollampe leuchtet. Gerät wieder ausschalten und nicht abblitzen.

sind richtige High-Tech-Kraftwerke mit einer Vielzahl besonderer Möglichkeiten (z.B. Vorblitz, Autofokus-Meßlichtabstrahlung u.a.m.).

Kamerahersteller bieten ganz spezielle, nur für ihre Kameratypen verwendbare Blitzgeräte mit Blitzsonderfunktionen an. Mit sogenannten **SCA-Adaptern** können jedoch auch Blitzgeräte anderer Hersteller verwendet werden. Führend ist die Firma Metz.

Leitzahl: *Maßeinheit für die Lichtleistung eines Blitzgeräts. Leitzahl dividiert durch die Entfernung ergibt die einzustellende Blende (bezogen auf einen 100-ISO-Film). Leitzahl 24 : Entfernung 6 m = Blende (f) 4*

Kauf-Tipp Blitzgerät

- *Ich empfehle, nur TTL-Blitzgeräte zu verwenden (Blitzlichtmessung durchs Objektiv). Damit ist das Blitzen bei Tageslicht und zur Schattenaufhellung bei zu hohen Lichtkontrasten mittels einer genau dosierten Blitz-„Prise" kein Problem mehr - wichtig in südlichen, sonnengrellen Regionen!*
- *Das Gerät sollte noch ein 28-mm-Weitwinkel-Objektiv ausleuchten.*
- *Kein akku-, sondern ein batteriebetriebenes Gerät wählen, 1,5-Volt-AA-Batterien gibt es in allen Ländern.*
- *Auf Reisen ist Kompaktheit wichtiger als hohe Leuchtstärke. Leitzahl 20 bis 25 bei einem 100-ISO-Film ist meist ausreichend.*

012rf Abb.: hh

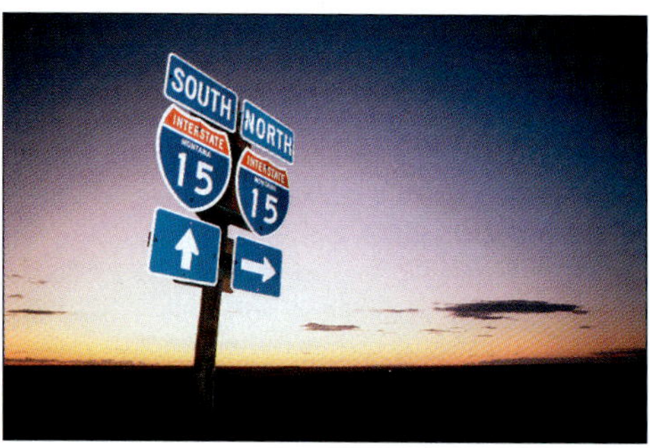

Anblitzen eines Verkehrsschilds in der Dämmerung (USA); Weitwinkel 28 mm

Stativ

Ein kleines stabiles Tisch- bzw. **Taschenstativ,** das sich auch als Klemm- oder Bruststativ einsetzen läßt, ist für eine Reise sinnvoll. Ich verwende eines, dessen Beine sich schnell aus der Mittelsäule ausziehen lassen. Stative aus Karbon sind sehr leicht und trotzdem stabil. Für Autofenster gibt es praktische Autoklemmstative. Beim Kauf sollte auf Markenqualität geachtet werden!

Stabiles Stativ
Um ein normales Stativ standsicherer zu machen, kann man die (schwere) Fototasche oder einen Stein unter die Mittelsäule hängen.

Filter

Es gibt Dutzende Arten, doch nur wenige sind sinnvoll. Ich verwende UV- oder ↗Skylight-Filter **als Objektiv-Schutz.** Bei Gefahr von Reflexen, also zum Beispiel bei direkten Gegenlichtaufnahmen, sollte das Filter abgeschraubt werden.

Jedes Filter, ob Skylight-, Polarisations- oder ein anderes Filter, **absorbiert UV-Strahlen,** die für eine (ganz geringe) Unschärfe verantwortlich gemacht werden.

Skylight-Filter:
sind schwach rosa gefärbt und sollen bei stark blauhaltigem Licht, also um die Mittagszeit oder im Hochgebirge, blaustichige Dias verhindern.

Polarisations-Filter sind ein ideales Hilfsmittel gegen nichtmetallische (!) Reflexe und Glas-Spiegelungen, gegen dunstige Horizonte, für sattere Farben. Der Wirkungsgrad kann durch das Verdrehen zweier spezieller Filterscheiben kontrolliert und dosiert werden. Am besten wirkt das Filter bei 90 Grad Seitenlicht zur Aufnahmerichtung! Bei Gegen- oder Rückenlicht bleibt der Polarisationseffekt aus, ebenso bei grauem Himmel. In extremen Berghöhen kann man mit einem Pol-Filter das Himmelsblau bis

013rf Abb.: hh

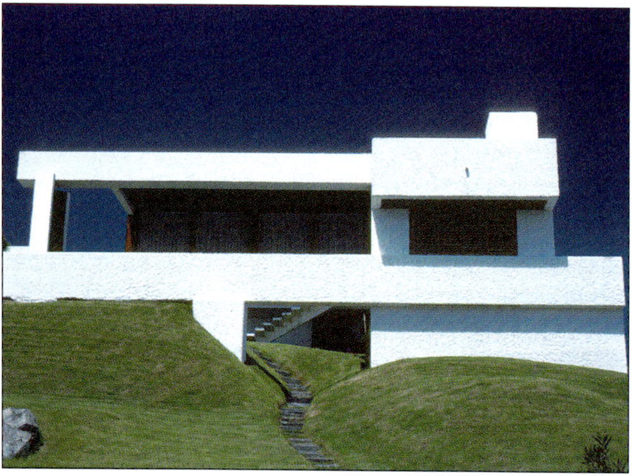

Mit einem Polfilter kann man das Himmelsblau extrem verdunkeln

zur Schwärze steigern! Achtung: Der Pol-Filter-Effekt tritt später auf dem Film viel stärker hervor, als er im Sucher sichtbar war! Polarisierte Farben leuchten nicht mehr, sondern wirken „stumpf". Pol-Filter können wegen ihrer hohen Bauweise den Bildwinkel des Objektivs beschneiden (↗Vignettierung).

Vignettierung
Abschattung bzw. dunkle Ecken auf Dias und Bildern. Ursache ist meist ein Pol-Filter auf einem starken Weitwinkel-Objektiv (untere Grenze 35 oder 28 mm) oder eine nicht zur Brennweite des Objektivs passende Streulichtblende.

Effekt-Filter, wie z.B. **Verlaufsfilter,** sind Farb- und Graufilter (Cromofilter), die in verschiedenen Farben (grau, blau, rötlich, braun u.a.) nur bis zur Hälfte mit allmählichem Übergang zur klaren Halbseite eingefärbt sind. Sie ermöglichen, den Himmel bzw. die Wolken einzufärben oder abzudunklen. Wenn überhaupt, so ist ein grauer, blauer oder tabakfarbener Filter sinnvoll. Tipps zur Anwendung siehe Kapitel „Landschaftsfotografie – ein weites Feld".

Streulichtblende

Eine Streulichtblende, auch Gegenlichtblende genannt, verhindert Gegen- und Reflexionslicht. Fotos werden somit kontrastreicher. Zusätzlich sind sie ein guter mechanischer Schutz vor Stoß, Staub und Regen. Bildabdunkelungen (Vignettierungen) an den Bildrändern sind die Folge, wenn eine nicht zur Brennweite passende Streulichtblende verwendet wurde. Ideal sind eingebaute bzw. ausziehbare Streulichtblenden. Bei Zoom-Objektiven sollte die Streulichtblende passend zur kürzesten Brennweite gewählt werden!

Batterien

Motorischer Filmtransport, ein eingebautes Blitzgerät, die Motoren von Autofokus-Objektiven und Belichtungsautomatiken sind immense „Stromfresser". Deshalb vor einer Reise die Kamera immer mit frischen Batterien bestücken und unbedingt Reserve mitnehmen! (Wohl dem, dessen Kamera bei einem Batterieausfall noch über eine ↗mechanische Verschlußzeit verfügt.)

Quecksilber-, Silberoxid- und ganz besonders Nickel-Cadmium-(NiCd)-Batterien bzw. Akkus sind umweltgefährdend! Wenn es Ihre Kamera zuläßt: Nur noch **Lithium-Batterien** verwenden (sehr lange Lebensdauer, stabile Spannung, sehr gute Tieftemperatureigenschaften; die besten für automatische Kameras).

Mechanische Verschlusszeit

Für den Fall eines Batterieausfalls verfügen manche elektronische Kameras noch über eine mechanisch gesteuerte Zeit (meist 1/60, 1/125 oder 1/250).

Die für die richtige Belichtung einzustellende Blende muss geschätzt werden.

Guten Kontakt sichern

Nicht die Pole berühren und richtig gepolt einsetzen. Häufig verhindert ein Oxidbelag, besonders in feuchtheißem Klima, den ungestörten Stromfluss. Das Gleiche gilt bei längerem Nichtgebrauch der Kamera. Deshalb von Zeit zu Zeit die Batteriepole und Kamerakontakte abputzen.

Batteriewechsel
Beim Batteriewechsel immer auf das Frischedatum achten und keine alten und neuen oder Batterien unterschiedlichen Fabrikats mischen. Am besten wird immer der ganze Pack zusammen gewechselt.

Mit **Alkali-Mangan-Batterien** (1,5 V, Größe „AA“ oder MN 1500) werden zumeist Blitzlichtgeräte und Kameramotoren bestückt. Sie sind weltweit erhältlich.

Batterien sind als **Schadstoffe** zu entsorgen bzw. beim Händler zurückzugeben!

Taschen

Die Kamera wird am besten nur mit dem Umhängeriemen in einer Foto- oder Reisetasche verstaut. Als Schutz gegen Schrammen und Schläge eignet sich gut ein weiches Fensterleder zum Umwickeln.

Für **Rucksacktraveller** empfiehlt sich ein Taschentyp, der zugleich Reisetasche und Fototasche ist.

Radfahrer wählen eine Lenkertasche, die vom Lenker schnell lösbar ist und auch als Fototasche benutzt werden kann. Die Kamera muss gegen die Stöße und Vibrationen des Vorderrades geschützt sein.

Motorradfahrer werden ihre Ausrüstung in stabile Motorradkoffer packen. Für schnellen Zugriff ist das Verstauen im Tankrucksack vorteilhafter.

Für **Wanderer, Ski-Langläufer und Bergsteiger** bieten viele Taschenhersteller harte oder weiche Hüfttragetaschen (Nierentaschen) an, die am Gürtel befestigt werden.

Wassersportler brauchen einen wasserdichten Kameraschutz: Je nach Art des Bootes und der Tour sind entweder Kanister mit wasserdichtem Groß-Schraubverschluss oder wasserdichte Fotobeutel zu empfehlen. Plastikkanister sind schneller zu öffnen und zu schließen und schwimmen beim Kentern des Boots.

Pflege- und Werkzeug-Set

Ein paar Hilfsmittel können auf Fernreisen gute Dienste leisten:

- ein paar **Kleinwerkzeuge** für Erste-Hilfe-Aktionen, wie z.B. ein Mini-Kreuzschlitz- und ein Kleinstschraubendreher
- ein kleiner **Fotopinsel** zur Reinigung von Objektiven und Kamera
- spezielles **Linsenreinigungspapier** (ohne Silikon, es schmiert!) zum Sauberwischen der Frontfilter,
- weiches **Fensterleder**, ideal zum Einwickeln von lose mitgeführten Objektiven
- **Silicagel** als Trockenmittel für die Tropen (in Apotheken erhältlich)
- **Knetmasse** als unterstützende Kameraunterlage
- **verschließbare Plastikbeutel** als Wasserschutz
- **Rücksendebeutel** für belichtete Filme
- **Sekundenkleber**

Vogelkäfige (Indonesien) mit absichtlicher (manueller) Unterbelichtung

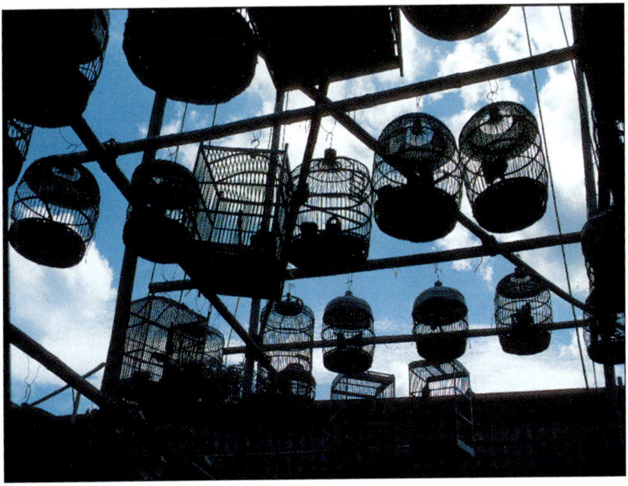

014rf Abb.: hh

Die richtige Fotoausrüstung für die Reise

Welche Kamera?

Vor der Entscheidung, welche Kamera und Objektive und welches Zubehör mit auf eine Reise genommen werden, sollte überlegt werden, welche Motive überwiegend fotografiert werden. Wichtiger als eine umfangreiche Fotoausrüstung ist die Fähigkeit des Fotografen, die Möglichkeiten seiner „abgemagerten" Ausrüstung voll zu nutzen.

Als Kamera sollte man jenes Modell wählen (sofern man verschiedene Gehäuse besitzt), mit dem man genügend praktische Erfahrung gesammelt hat. Wer in arktische Gefilde reist, eine Strapazentour durch feuchtheiße Dschungelwälder plant oder gar an einer Expedition teilnimmt, sollte einer robusten mechanischen Kamera den Vorzug geben.

Ich arbeite mit Nikon-Kameras und bevorzuge für eine Reise nicht eines der „Flaggschiffe" (F3, F4, F5, F100), sondern ein leichtgewichtiges AF-Modell mit integriertem Motor (F 70, F 80). Dabei schätze ich das geringe Gewicht, das eingebaute Blitzlicht und vor allem die ↗Bracketing-Funktion, um von einem Motiv blitzschnell drei Fotos mit abgestufter Belichtung machen zu können. Fast immer dabei habe ich auch eine kleine Kompaktkamera (Olympus).

Bracketing

Um in schwierigen Lichtverhältnissen eine exakt belichtete Aufnahme zu bekommen, werden von der (vermutlich) richtigen Belichtung ausgehend zusätzliche Plus- und Minus-Belichtungen durchgeführt. Es wird also „flankierend" belichtet bzw. eine Belichtungsreihe gemacht. Beispiel: die 1. Aufnahme wird mit 1/125 Sekunde und Blende 8 belichtet (Automatikmessung), die 2. mit 1/125 und Blende 5,6 und die 3. mit 1/125 und Blende 11. Man kann auch Blende 8 vorwählen, und die Kamera variiert bei den nächsten 2 Bildern stattdessen die Zeit, also mit 1/250 und 1/125. Die Nuancierungen sind je nach Kameramarke auch mit halben- oder Drittelblendenwerten möglich (empfehlenswert sind halbe Werte).

Welche Objektivbrennweiten?

Will man beispielsweise drei Objektive mitnehmen, erweisen sich zu dicht beieinanderliegende Brennweiten wie 35, 50 und 85 mm als unzweckmäßig. **Besser abgestuft** sind 28, 50 und 135 mm bzw. 24, 35, 85 und 200 mm. Ein 28er, ein 50er und ein Zoom 80–200 mm ist gleichfalls eine gute Kombination. Jeder wird sicherlich andere Vorlieben haben.

Sehr zweckmäßig auf Reisen ist natürlich auch ein **Zoom-Objektiv.** Doch rate ich davon ab, nur zwei Zooms, etwa ein 35–80 und ein 80–200 mm einzupacken, sofern beide Objektive nur eine geringe Lichtstärke haben. Ein lichtstarkes Autofokus-Zoom 2,8/80–200 ist natürlich eine feine Sache, das habe ich auf meinen Reisen fast immer dabei, trotz des hohen Gewichts. Für allgemeine Fotos bzw. wenn ich nicht viel herumschleppen will nehme ich auch gerne ein 2,8-4/24–85. Von sogenannten „Super-" oder „Reisezooms", wie z.B. 28–200 mm oder gar 28–300 mm, halte ich nicht viel, weil diese Zooms noch lichtschwächer sind (meist 3,5–5,6) und in ihrer Schärfeleistung an keine Festbrennweiten heranreichen.

Wie auch immer – man muss an seine Bilder, nicht an seine Ausrüstung glauben!

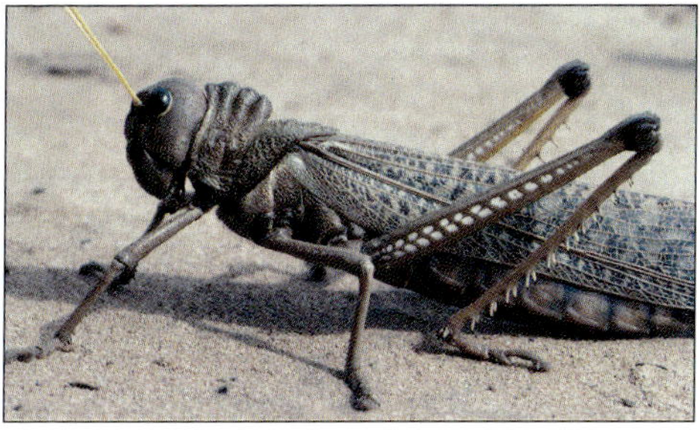

015rf Abb.: hh

Wanderheuschrecke (Paraguay) – eine Domäne für ein Makro-Objektiv

Filme

Welche Filmart man wählt – Dia-, Farbnegativ- oder gar Schwarzweißfilme –, hängt vom angestrebten Verwendungszweck ab. Fast alle Reisende haben einen Diafilm in ihrer Kamera. So lassen sich auch Farbfotos abnehmen, und Dias sind am besten für die Reproduktion in Printmedien geeignet.

Gepushte Entwicklung

Unterbelichtung um 1 bis 2 Zeit- bzw. Blendenwerte mit späterer gesteigerter Entwicklung (ein 400er-Film kann also auch wie ein 800er oder 1600er belichtet werden). Man braucht daher nicht extra höherempfindliche Filme mitnehmen. Nachteile: Qualitätsverlust durch wesentlich groberes Korn und beeinträchtigte Farbbalance. Es ist aber besser, gleich einen höherempfindlichen Film zu verwenden, anstatt einen niedrigempfindlichen zu pushen! Filme, die „gepusht" entwickelt werden sollen, sind besonders auffällig mit dem gewünschten neuen ISO-Wert zu kennzeichnen! Von Kodak und Fuji gibt es spezielle Pushfilme.

Dia-Filme

Der Markt bietet Dutzende Diafilmsorten an. Fotozeitschriften veröffentlichen immer wieder Übersichten und Tests. Anspruchsvolle Reisefotografen verwenden Filme von Kodak, Fuji oder Agfa. An Filme sollte man, wie an Objektive, hohe Qualitätsansprüche haben. Es gibt jedoch nicht *den* besten Diafilm, wenngleich sich Schärfe und Körnigkeit messen lassen. Farbwiedergaben unterliegen aber subjektiven Meinungen.

Es gibt einen wichtigen Unterschied im chemischen Aufbau von Diafilmen: Bei den **Kodachrome-Filmen** sind die Farbkuppler nicht in den 3 farbempfindlichen Schichten eingebettet, sondern werden erst bei der Entwicklung dem Film zugeführt. Dieses Verfahren ist der Grund für die hervorragende Schärfe, die hohe Farbtreue, die gute Lagerfähigkeit und die gleichmäßige Entwicklungsqualität bei den Kodachrome-Filmen.

-chrome-Filme (wie Fujichrome, Ektachrome etc.) werden nach dem E-6-Verfahren entwickelt.

Dies bietet den Vorteil, die Filme weltweit bzw. sogar selber entwickeln zu können. Nachteil: Die Qualität ist vom Labor abhängig. Ein Plus ist jedoch die Möglichkeit der ↗„gepushten" Entwicklung.

Tests weisen bei den **niedrigempfindlichen Diafilmen** (↗ISO 25, 50, 64) immer wieder die beiden Kodachrome-Filme 25 und 64 und den Fujichrome Velvia 50 als die schärfsten und feinstkörnigsten aus. Filme mit knackigen Farben, wie z.B. der Fuji Velvia 50, sind für Weltgegenden zu empfehlen, in denen eher Grau vorherrscht bzw. Farben seltener vorkommen (nordische Länder, Winterlandschaften). Trotz – oder gerade wegen – seiner geringen Empfindlichkeit ist er auch sehr gut geeignet für intensives Fotografieren im Regenwald (differenzierte Wiedergabe der zahllosen Grüntöne; evtl. Stativ nötig). Der Velvia 50 wird ebenfalls von Naturfotografen und Diavortragenden bevorzugt, die ihn für ihre Großprojektionen verwenden. Der Kodachrome 25 mag noch schärfer sein, ist aber für die allgemeine Reisefotografie zu „langsam".

Ich verwendete früher auf meinen Reisen nur den Kodachrome 64, doch heutzutage, da ich überwiegend für Printmedien fotografiere, bevorzuge ich die (preiswerteren) Ektachrome-Filme.

Für die allgemeine Reisefotografie sind **100-ISO-Filme** (= 21°DIN) am zweckvollsten. In diesem brei-

ISO

„International Standard Organisation". Die ISO-Werte geben bei Filmen die Lichtempfindlichkeit an. ISO-Angaben setzen sich aus zwei Zahlen zusammen, wobei die zweite Zahl der deutschen DIN-Zahl entspricht (z.B. 100/21°). Eine Verdopplung der ISO entspricht eine Erhöhung der DIN-Filmempfindlichkeit um drei Stufen. (ISO 100 auf ISO 200 ist wie DIN 21 auf DIN 24)

ISO » DIN						
ISO:	**12**	*16*	*20*	**25**	*32*	*40*
DIN:	**12**	*13*	*14*	**15**	*16*	*17*
ISO:	**50**	*64*	*80*	**100**	*125*	*160*
DIN:	**18**	*19*	*20*	**21**	*22*	*23*
ISO:	**200**	*250*	*320*	**400**	*500*	*640*
DIN:	**24**	*25*	*26*	**27**	*28*	*29*
ISO:	**800**	*1000*	*1200*	**1600**	*3200*	
DIN:	**30**	*31*	*32*	**33**	*36*	

DX-Codierung
Das schachbrettartige Muster und der Strichcode auf den Filmpatronen und dem Filmrand. Das Schachbrettmuster ermöglicht die automatische Erkennung der Filmempfindlichkeit durch die Kamera, der Strichcode enthält Informationen für das Entwicklungslabor.

ten Segment sind bezüglich Farbwiedergabe und der Bildqualität führend: Kodak Elite Chrome 100 und Elite Chrome ExtraColour, Fujichrome Sensia II 100 und Agfachrome CTprecisa 100. Machen Sie am besten selbst einmal einen Vergleichstests.

Bei den **ISO-200-Filmen** sind führend: Kodak Elite Chrome 200, Kodachrome 200 und Fujichrome Sensia 200, bei den **ISO-400-Filmen** Ektachrome II 400 und Fujichrome Sensia II 400. ISO-400-Filme sollten nur in Ausnahmesituationen, also bei ungünstigen Lichtverhältnissen, bei Innenaufnahmen oder wenn besonders schnelle Verschlusszeiten erforderlich sind, verwendet werden.

Emulsion
Lichtempfindliche Schicht auf Filmen. Filme mit Emulsionen gleicher Nummer sind aus einem „Guss", das heißt, die Filme sind in ihrem Farb- und Empfindlichkeitsverhalten absolut gleich.

Fast alle Diafilme sind auch als teurere **Professional-Versionen** erhältlich. Das sind „vorgereifte", spezielle ↗Emulsionen mit genau bestimmter Nenn-Empfindlichkeit und engen Qualitätstoleranzen. Für die allgemeine und für die Reisefotografie sind sie unnötig.

Tipps zur Verwendung von Dia-Filmen

- *Seiner* ***einmal gewählten Filmmarke*** *sollte man möglichst treu bleiben. So können Dia-Vorträge verschiedener Reisen und Zeiten ohne große „Farbsprünge" ergänzt oder kombiniert werden. Und man lernt sein Material genau kennen.*
- *Das* ***Verfallsdatum*** *eines Films sollte noch mind. ein Jahr betragen, muss aber auch in Relation zur Lagertemperatur gesehen werden. Kühl gelagertes Filmmaterial bleibt weit über das Verfallsdatum hinaus verwendbar. Bei ständiger Lagertemperatur von 30 °C verkürzt sich die Verfallszeit bereits auf die Hälfte.*
- ***Belichtete Filme*** *sind chemisch instabil, durch Hitze können Farbstiche entstehen. Für belichtete Filme gilt deshalb: Bis zur Entwicklung möglichst keiner Hitze und Feuchtigkeit aussetzen. Am empfindlichsten sind Diafilme, Farbnegativ-Filme weniger (s.a. Kap. „Fotografie extrem: Hitze, Kälte, Wasser, Stoß und Staub").*
- *Dia-Filme* ***zu Hause kaufen.*** *Im Ausland bzw. in Ländern der Dritten Welt sind Filme durchweg erheblich teurer, und nicht überall sind Dia-Filme erhältlich.*
- *Fast immer wird der* ***Verbrauch*** *unterschätzt, und nichts ist ärgerlicher, als an Filmen sparen zu müssen. Deshalb lieber ein paar mehr als geplant einpacken.*
- *Vor der Abreise einen* ***Testfilm belichten,*** *dazu außer der Nenn-Empfindlichkeit des verwendeten Films (z.B. ISO 100) die Empfindlichkeitseinstellung an der Kamera auch auf ISO 125 und 80 setzen (DX-Einlese-Automatik abstellen). Dann jeweils gleiche Motive fotografieren und nach der Entwicklung und Begutachtung die beste Einstellung verwenden.*
- *Wenn immer möglich, würde ich meine Filme zur* ***Entwicklung*** *wieder mit nach Hause nehmen bzw. heimsenden oder sie Reisenden mitgeben, die früher zurückfliegen. In welchen Ländern Kodachrome-Filme entwickelt werden, steht auf dem Beipackzettel dieser Filme.*

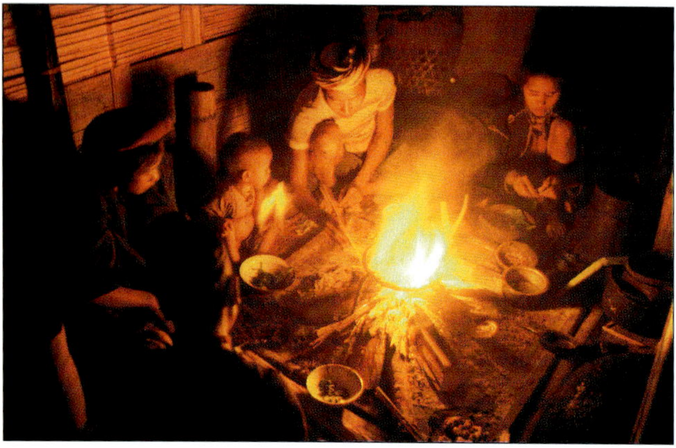

Hüttenfeuer (Nordthailand), fotografiert mit einem 400-ISO-Film

Farbnegativ-Filme

Color-Negativ-Filme (CN-Filme) liefern farbige Papierbilder. Universell einsetzbar sind Filme mit ISO 100, doch auch die schnelleren ISO-200-Filme sind eine gute Alternative. Marktführer sind wieder Fuji (Superia Reala, ISO 100), Kodak und Agfa. Es gibt auch CN-Filme mit 400 und 800 ISO, doch ist deren Verwendungsbereich eher eingeschränkt.

CN-Filme verhalten sich gutmütig bei Fehlbelichtungen, besonders bei Überbelichtungen. Ihr Belichtungsspielraum ist größer als der von Diafilmen! Um volle, satte Farben zu erreichen, verlangen Farbnegativ-Filme eine **leichte Überbelichtung.** Deshalb sollte die Filmempfindlichkeit an der Kamera beispielsweise statt auf den Nennwert 100 ISO auf 80 ISO eingestellt werden.

Farbnegativ-Filme kann man auf der ganzen Welt im Schnelldienst entwickeln und von Ihnen Abzüge machen lassen. Gut zum Heimsenden an die Lieben (wenn man nicht gleich eine Digitalkamera benutzt und dies übers Internet erledigt).

Pflege-Tipps für die Ausrüstung

- Kamera und Objektive mit einem Fotopinsel von **Staub und Schmutz** befreien. Allerdings beeinträchtigt normaler Staubbefall auf den aufgeschraubten Frontlinsenfiltern nicht die Schärfe der Fotos – gar mancher hat schon durch übertriebenes Polieren seine Optiken und Filter mehr mattiert als saubergewischt.
- Den **Rückschwingspiegel** bei einer Reflexkamera niemals abwischen oder berühren. Sieht man im Sucher Schmutzpartikel scharf abgebildet, so befinden sich diese auf der Mattscheibe des Prismas und nicht auf dem Objektiv!
- Besonders sauber muss die **Filmführung** sein. Staub und Filmabrieb entfernen, dabei die Verschlusslamellen nicht berühren.
- **Vorsicht mit „Druckluft aus der Dose":** Schmutz und Staub kann ins Gehäuseinnere geblasen werden, Verschlusslamellen können beschädigt werden!
- Die offene Rückseite eines Objektivs durch hinteren Objektivdeckel schützen.
- Wird eine Kamera für eine längere Zeit nicht benutzt, sollte der **Verschluss nicht gespannt** sein.
- **Läßt sich die Kamera nicht mehr auslösen,** liegt die Ursache fast immer an einer (plötzlich) erschöpften Batterie. Aber auch ein externer Kameramotor kann die Störung hervorrufen. Deshalb testweise abnehmen! Bei vollelektronischen Kameras hilft eventuell das Zurücksetzen auf das Normprogramm.

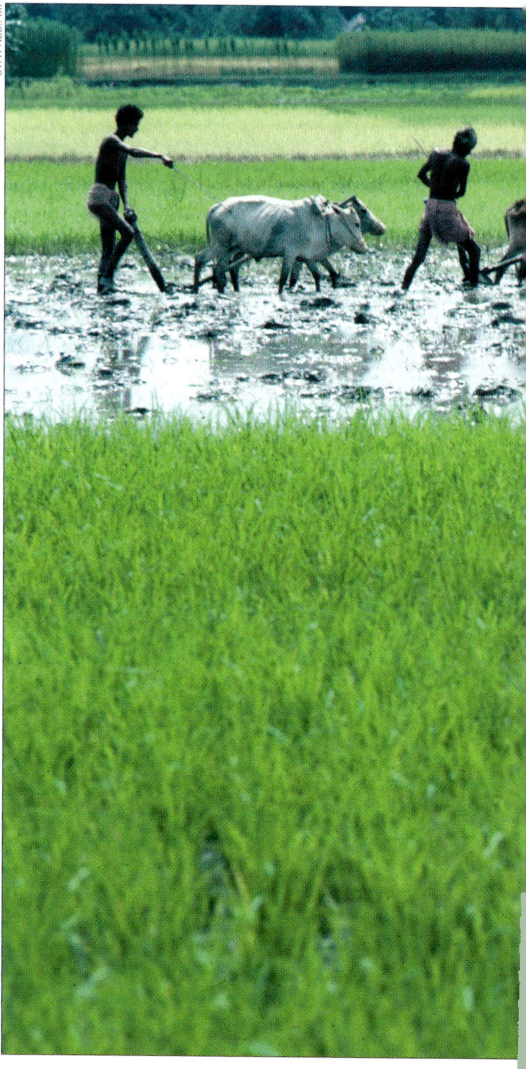

017rf Abb.: hh

Pflügende Reisbauern (Bangladesh); Tele 200 mm

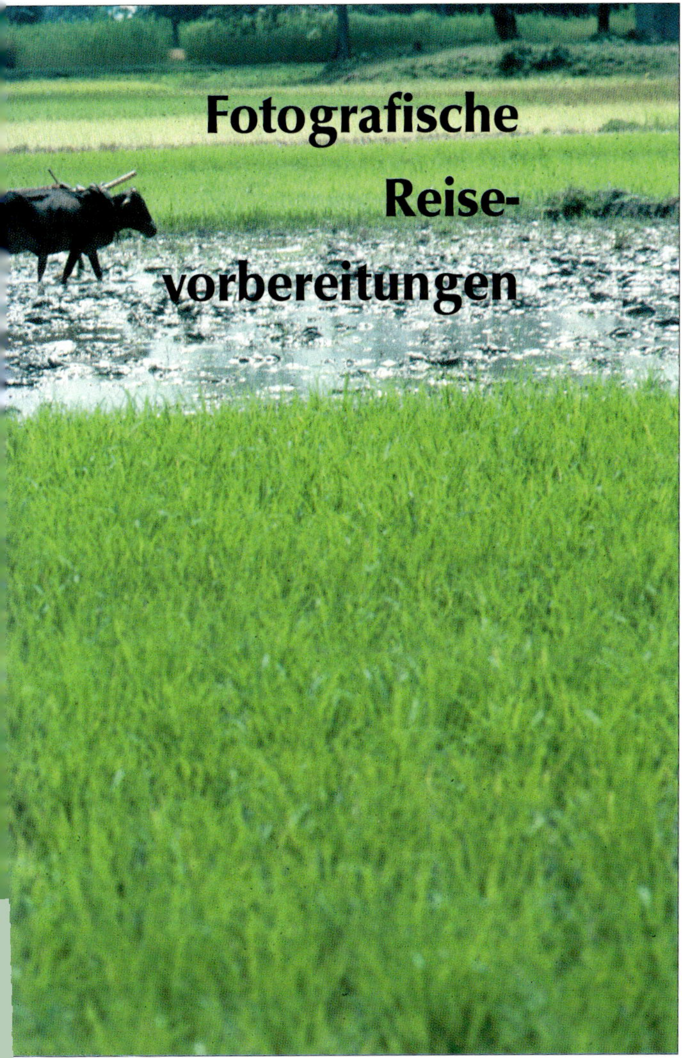

Fotografische Reise- vorbereitungen

Vor der Reise

Eine der Hauptursachen misslungener Fotos sind Kamera-Fehlbedienungen und falsche Einstellungen bzw. Programmierungen. Viele „Trockenübungen" und Experimentier-Filme helfen, die Kamera und ihre Möglichkeiten wie im Schlaf zu beherrschen. Wer trotzdem noch unsicher ist, sollte vorsichtshalber die **Bedienungsanleitung mit einpacken** oder zumindest die wichtigsten Seiten kopieren.

Um unterwegs keine unliebsamen Überraschungen zu erleben, sollten ältere oder nur gelegentlich benutzte Kameras vor Reisebeginn auf ihre **Funktionsfähigkeit überprüft** werden.

Wer sich eine neue zulegen will, sollte die **Anschaffung** schon lange vor der Abreise machen, denn sonst bleibt für das Kennenlernen und Durchspielen aller technischen Möglichkeiten kaum mehr Zeit.

Fotonotizbuch

Ein schon zu Hause angelegtes Fotonotizbuch erweist sich unterwegs als sehr nützlich. Darin werden Bildideen, Belichtungsdaten, Filmnummern, die Fabrikationsnummern der Ausrüstung, Adressen von Servicestationen (Filmlabors) etc. eingetragen.

Foto-Kontaktperson zu Hause

Vor der Abreise sollte eine Foto-Kontaktperson bestimmt werden. Sie empfängt die belichteten Filme und überwacht die Ergebnisse. Ein kritischer Analyst ist besonders bei einer sehr langen Reise wichtig, da erfahrungsgemäß nach einigen Monaten die fotografische Aufmerksamkeit erlahmt. Dann ist es wertvoll, auf sich immer wiederholende Fehlschüsse und vernachlässigte Motivbereiche hingewiesen zu werden.

Kamera-Funktionsprüfung

- Alle **Batterien** durch frische ersetzen, dabei Kontakte trocken und blank wischen.
- Alle **Kamerafunktionen** nach der Bedienungsanleitung überprüfen: Selbstauslöser, Blitzlicht, Gegenlichttaste, Abblendtaste, hochklappbarer Spiegel etc.
- Sofern vorhanden: Die **mechanische Zeit** prüfen (dazu Batterien entfernen).

- **Funktionstest mit eingelegtem Film** ohne Bildverlust: bei gedrücktem Rückspulknopf weitertransportieren (sofern die Kamera noch einen Transporthebel besitzt).

Tipps und Tricks

Die folgende Hinweise sollte man sich zur Routine machen.

- Unmittelbar nach dem Filmeinlegen die richtige bzw. die bevorzugte **ISO-Filmempfindlichkeit einstellen** (respektive den vom DX-Code in die Kamera eingelesenen Wert überprüfen).
- **Rückspulknopf in Pfeilrichtung drehen** (sofern die Kamera noch einen hat), damit der Film gestrafft in der Patrone liegt. Beim ersten Filmtransport Rückspulknopf beobachten: dreht er sich nicht mit, wird der Film nicht transportiert.
- Belichtete Filme immer sofort **zurückspulen,** und zwar ganz in die Patrone hinein, sonst besteht Verwechslungsgefahr mit einem unbelichtetem Film. Alternativ kann man als Markierung die Filmanfangslasche anreißen.
- Bei langen Reisen und hohem Filmverbrauch die **Filme durchnumerieren.** Das 1. Bild wird einer laufenden Filmnummer geopfert: Wer die Deckel der Filmdosen vorab durchnumeriert, braucht sie nur noch abzufotografieren.
- **Auf Höhepunkte vorbereiten:** Ein Film mit nur noch wenigen freien Aufnahmen wird gegen ei-

Teilbelichtete Filme weiternutzen

Bildzahl merken, Rückspulknopf drücken und zurückspulen. Es ist hör- und spürbar, wenn der Film von der Aufwickelspule springt. Teilbelichtete Bildanzahl auf der Patrone vermerken. Film wieder einlegen. Filter vom Objektiv schrauben und Objektivdeckel aufsetzen. Schnellste Zeit (1/1000) und am Objektiv kleinste Blende (22) einstellen; um möglichen Lichteinfall zu verhindern, Objektivöffnung sicherheitshalber noch dicht mit einem Tuch umhüllen. Kamera so lange auslösen, bis die belichtete Bildzahl wieder erreicht ist. Zur Sicherheit eine weitere Leerbelichtung machen.

Vorbereitungen

nen frischen ausgetauscht. Teilbelichtete Filme können später wieder eingelegt werden, sofern es die Kamera zulässt und man das Prozedere beherrscht (siehe Tipp).

- Bei schwierigen Lichtverhältnissen **flankierend belichten,** d.h. jeweils plus und minus eine halbe oder auch eine ganze Blendenstufe (siehe „Bracketing" bei Kapitel „Die richtige Fotoausrüstung für die Reise").

Foto-Versicherung

Bei teuren Ausrüstungen sollte eventuell eine Fotoversicherung abgeschlossen werden. Normale Reisegepäckversicherungen ersetzen gestohlene Kameras selten (diesbezüglich das Kleingedruckte im Vertrag genau lesen). Auskunft über Prämien und Geltungsbereich erhält man in jedem besseren Versicherungsbüro. Im Falle eines Diebstahls muss der Schaden unbedingt der Polizei gemeldet werden (Protokoll aufsetzen lassen), um Versicherungsansprüche zu Hause geltend machen zu können. Dazu sollte man die Geräte-Nummern nennen können.

Zollbestimmungen

Fotogeräte unterliegen wie andere Handelsware den Einfuhr-Zollbestimmungen. Mit einer Ausrüstung „normalen" Umfangs sind an den Grenzen touristisch erschlossener Länder keine Probleme zu erwarten.

Filme ohne Original-Verpackung

Entfernt man bei Filmen die Original-Verpackungen, gelten sie nicht mehr als Handelsware.

Unter „normal" ist zu verstehen: ein bis zwei Gehäuse, ein paar Objektive und ein bis zwei

Dutzend Filme. Doch selbst umfangreicheres Fotogepäck, wie ich es oft auf meinen Reisen mitführe, wurde noch nie beanstandet. Um Komplikationen zu vermeiden, empfiehlt es sich, vorab die aktuellen Zollbestimmungen bei den Botschaften oder Konsulaten zu erfragen.

Röntgenkontrollen auf Flughäfen

Schädigen Röntgenanlagen auf Flughäfen die Filme oder nicht? Ja und nein.

Zur Kontrolle **aufgegebenen Gepäcks** werden seit einiger Zeit auf vielen Flughäfen Röntgenscanner eingesetzt, die wesentlich energiereicher als frühere Geräte strahlen. Auch die handelsüblichen Schutzbeutel mit Bleifolie schützen Filme dabei nicht, weil die Strahlenintensität automatisch gesteigert wird, bis der Inhalt sichtbar wird. Die Filme deshalb keinesfalls in den Koffer packen! Durchleuchtungsschäden äußern sich in unregelmäßigen Verschleierungen und Vernebelungen, meist am Filmanfang.

Anlagen, die das **Handgepäck** durchleuchten, verursachen im Normalfall keine Schäden, sofern sie modernerer Bauart sind. Andernfalls wird auch schon mal mit dem Hinweis „Not Film Safe“ gewarnt.

Am sichersten ist die visuelle **Handkontrolle.** Ich mache es so: Alle meine Filme nehme ich aus den Plastikdosen, stecke sie in einen klaren Plastikbeutel und bitte das Kontrollpersonal höflich um Handinspektion:

- „Would you please make a manual check of my films.“
- „Pourriez-vous controler mes films à main.“
- „Por favor haga el chequeo de mi peliculas manual.“

Fotografie extrem: Hitze, Kälte, Wasser, Stoß und Staub

Außergewöhnliche Hitze, hohe Luftfeuchtigkeit, klirrende Kälte, Staub, Schläge und Stöße oder die Gefahren des Wassers sind noch lange kein Grund, sich das Fotografieren verleiten zu lassen. Man muss nur ein wenig Vorsorge treffen.

Fotografieren bei Kälte

Mögliche Probleme mit der Ausrüstung

Schwachstelle ist die Batterie, deren Kapazität bei tiefen Temperaturen stark nachlässt. Bei arktischen Minusgraden können Schmierstoffe verharzen und mechanische Funktionen blockieren. Es besteht die Gefahr von Kondenswasserbildung und Vereisung, z. B. der Frontlinse.

018rf Abb.: hh

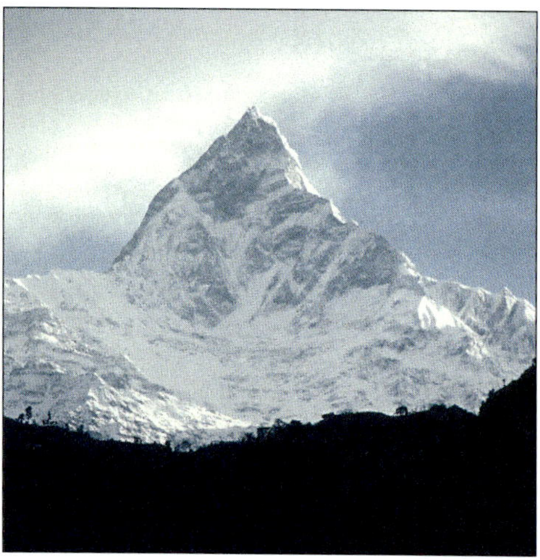

Der 6999 m hohe Macchapuchare bei Pokhara (Nepal)

Schutzmaßnahmen bis 0 °C und darunter

- Die Kamera unter einem weitem Mantel oder einer Jacke warm- und trockenhalten, nur zum Fotografieren hervorholen.
- Ersatzbatterien mitnehmen und warmhalten.
- Bei Schneefall das Objektiv mit Filter schützen.
- Wischtücher zum Trockenreiben bereithalten.

Schutzmaßnahmen bei starker Kälte (ab –15 °C)

- Spezielle kälteresistente Batterietypen (am besten Lithium-Batterien) verwenden oder sie gegen einen Akku austauschen, den man warm am Körper trägt (Kamera-Stromversorgung mittels Kabelverbindung).
- Bei extremer Luftrockenheit, wie sie bei tiefen Minusgraden oft vorkommt, können Filme hart und spröde werden und sich elektrostatisch aufladen („verblitzen", blitzartige Lichtflecke auf dem Film). Deshalb auf Motortransport und Motorrückspulung verzichten und den Film langsam manuell transportieren. Für wiederholte Fotografie in Kälte sollten möglichst mechanische Kameras verwendet werden.

Wechsel von Kälte in Wärme

Die höhere Luftfeuchtigkeit in einem warmen Raum schlägt sich als Kondenswasser auf einer kalten Kamera nieder. Die Folge können Wasserflecken auf dem Film sein. Abhilfe schafft stufenweises Akklimatisieren.

Akklimatisieren im Beutel

Um Schäden durch Kondenswasser zu verhindern, wird die Kamera zuvor in einem Plastikbeutel luftdicht verschlossen. Die Kondensfeuchtigkeit schlägt sich dann innen am Beutel nieder.

Besonderheiten beim Fotografieren

Gleißende Schnee- und Eislandschaften führen bei automatischen Kameras zu Unterbelichtungen. Deshalb 1 bis 2 Blendenwerte länger belichten und Belichtungsreihen machen.

Fotografieren in extremer, trockener Hitze

Mögliche Probleme mit der Ausrüstung

Schwarze Gehäuse heizen sich in der Sonne schnell auf. Die Folge können Störungen sein. Digitale Anzeigeinstrumente werden schlecht ablesbar. Objektivkitt kann aufweichen. Batterien können auslaufen.

Schutzmaßnahmen für die Ausrüstung

- Kamera und Objektive so gut wie möglich vor direkter Sonneneinstrahlung schützen.
- Helle Taschen benutzen.
- Kamera beim Gehen auf der der Sonne abgewandten Seite tragen.
- In Autos die Kamera (rüttelgesichert) am Boden ablegen, nicht ins Handschuhfach.

Mögliche Probleme mit den Filmen

In sehr trockener Hitze (z. B. in Wüsten) besteht die Gefahr des „Verblitzens" durch elektrostatische Aufladung. Der Film kann so spröde werden, dass der Anfang beim Einfädeln immer wieder abbricht (Abhilfe: mehrmals anhauchen). Außerdem zieht er Staub an.

Schutzmaßnahmen für die Filme

- Längere direkte Sonnenbestrahlung des Gepäcks mit den Filmen vermeiden (z.B. nicht auf dem Dach eines Busses transportieren).
- Film langsam transportieren und langsam zurückspulen (sofern Transportkurbel vorhanden).
- Nur Tagesverbrauch an Filmvorrat auspacken.
- Filme wärmeisoliert aufbewahren: In der Wäsche im Rucksack, im Auto am Bodenblech.

Nachtkühle nutzen

Gibt es keine andere Kühlmöglichkeit, werden die Filme in der Nachtkühle neu eingepackt und zwischen die Wäsche gesteckt.

- Bei Kühlschranklagerung genügend Zeit zur Anpassung an warme Außentemperaturen vorsehen (ca. eine halbe Stunde).

Besonderheiten beim Fotografieren

- Bei gleißender Helligkeit zur Sicherheit Belichtungsreihen machen.
- Hitzeflimmern führt zu Schärfeverlust; deshalb die kühlen Morgen- oder Abendstunden ausnützen.
- Hochstehende Sonne erzeugt starke Schlagschatten, die im Nahbereich mit TTL-Blitzgeräten aufgehellt werden.

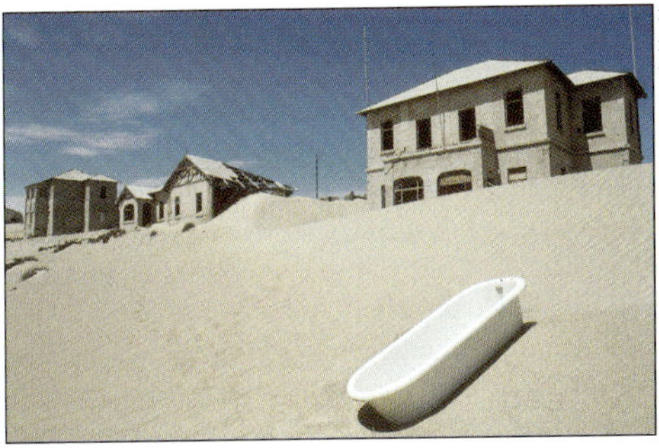

019rf Abb.: hh

Wüsten-Geisterdorf Kolmannskuppe in Namibia

Fotografieren in tropisch-schwüler Hitze

Mögliche Probleme mit der Ausrüstung

Es besteht Gefahr von Pilzbildung in Kameras, Objektiven und Taschen. Lederriemen können verschimmeln, elektrische Kontakte korrodieren.

Schutzmaßnahmen

- Kamera trockenhalten respektive luftig lagern.
- Feucht gewordene Kameras nicht in direkter Sonne, sondern im Schatten mit Zugluft austrocknen (keinesfalls in einen Kühlschrank stellen!).
- Gibt in saunaschwüler Luft eine Kamera einmal

Silicagel trocknen

Feuchtigkeitsgesättigtes Silicagel verfärbt sich rosa. Es kann auf einer Herdplatte oder auf einem Blech überm Feuer getrocknet werden, bis wieder blau ist.

ihren Geist auf, in einem luftdichten Beutel, der mit Silicagel oder mit Reis gefüllt ist, austrocknen lassen.

- Trockenes (= blaues) Silicagel in luftdicht verschlossenen Behältern, z.B. in Filmdosen, mitführen. Erhältlich in Apotheken.

Mögliche Probleme mit den Filmen

Feuchte Hitze beschleunigt chemische Vorgänge. Daher besteht die Gefahr des schnellen Verfalls und eines Farbstiches. Die Gelatineschicht des Films kann quellen, den Filmtransport behindern oder die Windungen zusammenkleben lassen

Schutzmaßnahmen für die Filme

- Unbelichtete Filme müssen luftdicht verpackt sein. Verpackungen erst kurz vor Gebrauch öffnen.
- Den Film nicht allzu lange in der Kamera belassen.
- Nach dem Rückspulen in die Patrone die Filmwindungen durch entgegengesetztes Drehen wieder etwas lockern, weil bei zu straffer Rückspulung und aufgequollener Gelatineschicht sonst die Gefahr des Zusammenklebens besteht.
- Belichtete Filme mit Silicagel-Körnern in der Filmdose luftdicht verschließen. Bald entwickeln.

020rf Abb.: hh

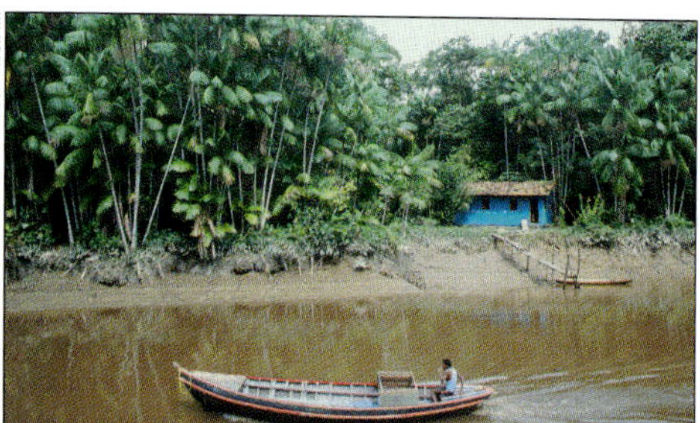

In der Treibhausschwüle am Amazonas

Fotografieren in Sand und Staub

Mögliche Probleme mit der Ausrüstung

Sand und Staub in der Kamera können Filme zerkratzen, verursachen durchgehende Linien („Telegrafendrähte"). Ungeschützte Objektivglasflächen und Filter werden mattiert. Sand blockiert Filtergewinde. Wüsten, Strände und Staubpisten sind die gefährlichsten Zonen. In der Wüste kann in Bodenhöhe sehr feiner, kaum sichtbarer Staub in die Kamera eindringen und Störungen verursachen.

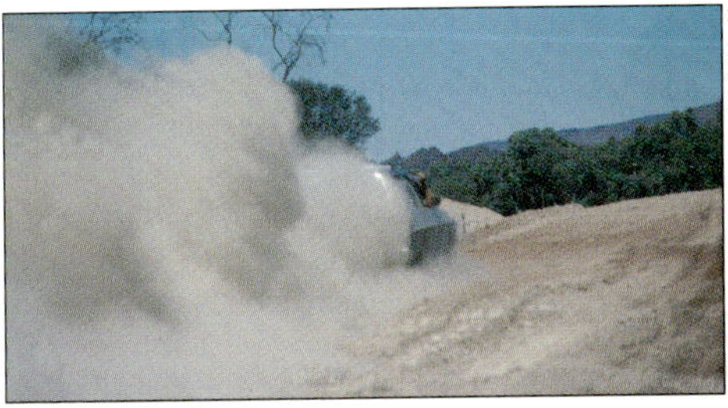

021rf Abb.: hh

Staubiges australisches Outback; Staub-„verdichtung" durch ein 200-mm-Tele

Schutzmaßnahmen für die Ausrüstung

- Kamera in staubdichtem Plastikbeutel aufbewahren. Sie nur kurz in staubiger Umgebung belassen oder die Fototasche in einen Plastiksack stecken.
- Ein Tuch als Staubschutz über die Fototasche legen. Objektive mit Objektivdeckel und einem UV- oder Skylight-Filter schützen.
- In extremen Fällen die Kamera mittels einer Plastiktüte staubdicht einkleben und nur eine Öffnung fürs Objektiv belassen.
- Filme nur in staubfreier Umgebung laden und entladen, z.B. im Auto. Im Freien zumindest mit dem Rücken zum Wind.
- Möglichst selten Objektive oder Filme wechseln.
- Jedes Bild möglichst vorausplanen.
- Nicht bei stärkerem Wind fotografieren.

Schutz gegen Wasser

Ein paar Regentropfen schaden einer Kamera nicht. Trotzdem sollte man auf Reisen gegen stärkere Niederschläge (oder gegen Gischt bei Wasserfällen) eine der praktischen und billigen **Kamera-Schutzhauben** aus Plastik (Fa. Kaiser, Hama) mitführen. Für den Wassersportler empfiehlt sich eine Allwetter-Kamera.

Bei einer kippeligen Bootsfahrt wird die Kamera vorsichtshalber in einen stabilen Plastikbeutel gesteckt. Zum Zuschnüren verwendet man einen starken Gummizug. Segel- und Wassersportgeschäfte führen **wasserdichte, schnellverschließbare Beutel** in verschiedenen Größen, zum Teil schwimmbar durch Aufblasen. Empfehlenswert für Boots- oder Floßtrips. Die Spezialverschlüsse sind vor scharfen Sandkörnern sauberhalten.

Nasse Kamera retten

Sollte die Kamera einmal im Wasser landen, muss dies nicht ihr Ende bedeuten. Objektiv abnehmen, Rückwand öffnen, Wasserreste ausschütteln und austrocknen lassen.

Ist die Kamera in Salzwasser gefallen, muss anschließend mit Süßwasser nachgespült werden. Danach empfiehlt sich ein rascher Transport zu einer Servicestelle, wo sie unter Umständen noch gerettet werden kann.

Schutz gegen Schlag und Stoß

Auf Rüttelpisten in Bussen und Autos sollte die Kameratasche möglichst nicht ungepolstert auf dem Wagenboden oder gar auf dem Radkasten abgestellt werden. Besser behält man sie auf dem Schoß.

Abenteuer- und Expeditionsfotografie

Vor der Tour trainieren, auch in schwierigsten Situationen und bei Erschöpfung noch Fotos zu machen.

Nur Geräte mitnehmen, die man sicher beherrscht und bedienen gelernt hat.

Ballast abwerfen. Ausrüstung auf das absolute Minimum reduzieren: Keinen externen Motor, keinen Blitz (dafür hochempfindliche Filme), statt Festbrennweiten ein mittellichtstarkes Zoom-Objektiv.

Bei mehreren Personen gleiche Kameramodelle einsetzen, möglichst mechanische Kameras.

Für extremes Bergsteigen einhändig bedienbare Kameras bevorzugen (mit integriertem motorischen Filmtransport).

Die gesamte Ausrüstung gut verstauen. Beispielsweise in wasserdichte Metall- oder (schwimmfähige) Weithals-Plastikcontainer. Bei Tropentrips genügend Silicagel mitnehmen. Objektive in Fensterledertücher einwickeln.

Fotoausrüstung auf die Teilnehmer verteilen. Nie alles an einem Platz verstauen. Bei Verlust oder Diebstahl eines Gepäckstücks kann dann immer noch fotografiert werden.

022rf Abb.: hh

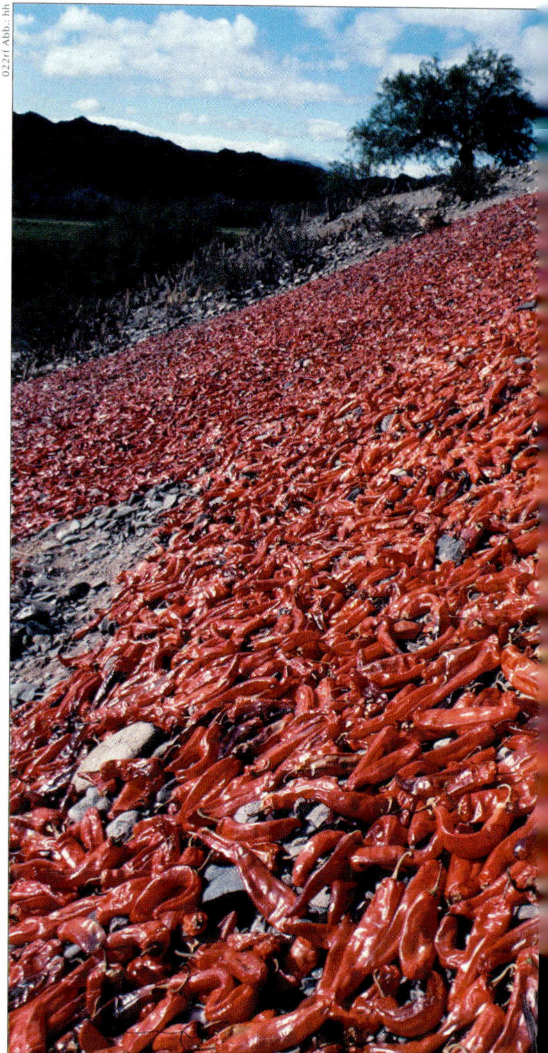

Ein roter Bodenteppich aus Chili-Schoten (Argentinien); Weitwinkel 21 mm

Wege zu besseren Reisefotos

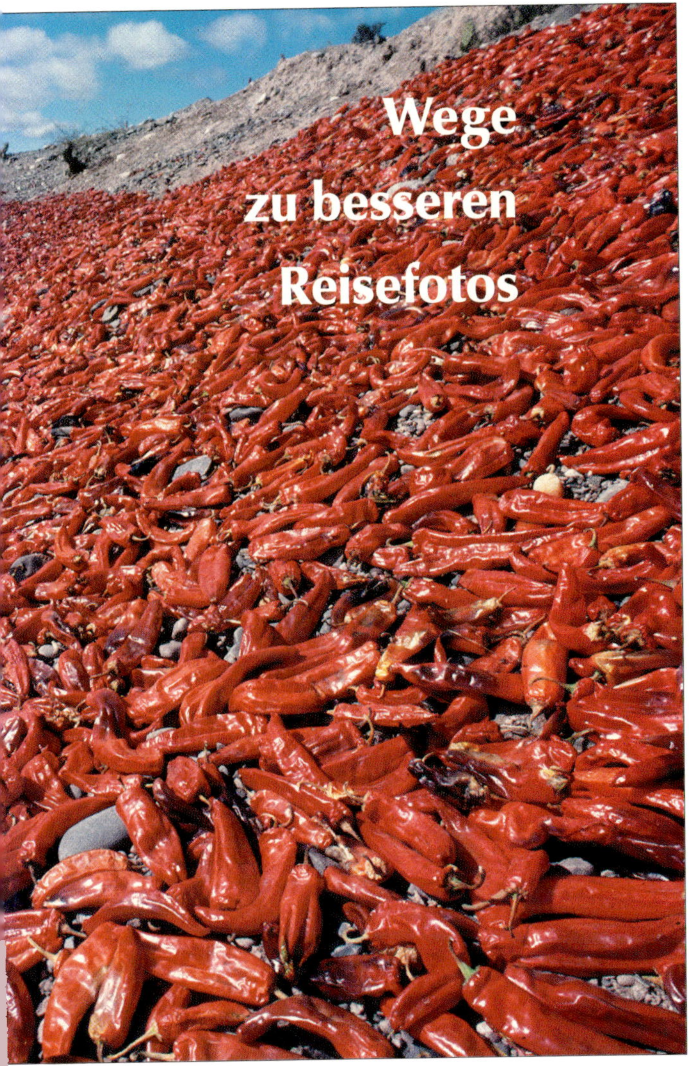

Was ist Reisefotografie?

Engagierte Reisefotografie spiegelt das Charakteristische und das Typische eines Landes, seiner Menschen und ihre Kultur wider. Dazu bedarf es keines großen apparativen Aufwands, sondern der Besinnung und des Willens, fotografisch mit Herz und Kopf zu sehen. Aktive Reisefotografie ist harte handwerkliche Arbeit und eine Herausforderung an die Kreativität. Die Fotos sollten nicht nur dem Festhalten persönlicher Erinnerungen dienen, sondern auch dokumentieren.

Vor Reisebeginn muss deshalb überlegt werden, **warum, für wen, wie und was fotografiert** werden soll. Hierbei kann der folgende Ansatz einer Differenzierung helfen.

Anspruchslose Fotografie: Fotoästhetische und fototechnische Grundkenntnisse sind nicht vorhanden, es entstehen Urlaubsbilder ohne künstlerische Ambitionen oder höhere Ansprüche an Qualität. Die Aufnahmen dienen nur der persönlichen Erinnerung, zeigen nur wenig von Land und Leuten, dafür um so mehr den Fotografen. Er bzw. seine Reisefreunde oder Familie stehen im Mittelpunkt („Alibifotos").

Technisch überlegtes Fotografieren: Die Bilder sind interessant und künstlerisch ansprechend fotografiert. Der Fotograf ist fähig, Motive losgelöst von ihrer Umgebung darzustellen und der Betrachter wird in die Lage versetzt, Bildinhalt und Bildaussage nachzuvollziehen. In eine subjektiv gefärbte Reisegeschichte eingebettet spiegeln die Fotos Länder, Menschen und Kulturen in Teilaspekten und Impressionen wider. Lichtbildervorträge und Veröffentlichungen sind möglich oder beabsichtigt.

Professionelle Reisefotografie: Es wird eine umfassende und fotografisch eindrucksvolle, kommerziell verwertbare Bildreportage erstellt. Die Fotos dokumentieren ganzheitlich oder in Teilaspekten das Typische und Charakteristische eines Landes und seiner Bevölkerung, sie geben einen realistischen, möglichst umfassenden - oder in Teilbereichen neuartigen - Einblick in das bereiste Land. Der Fotograf hat eine starke emotionale Bindung zu seinen Themen, besitzt Originalität und Zähigkeit bei der Durchführung.

Konzept und Ideenkatalog

Es ist kaum möglich, eine gute Dia-Show oder eine Reisereportage ganz ohne Planung zu realisieren. Unterwegs wird man mit einer Flut von Eindrücken und Motiven konfrontiert, und wer kein fotografisches Konzept hat, dem fällt es schwer, Wesentliches von Belanglosem zu unterscheiden. Dann wird nur das abgelichtet, was zufällig vor die Linse gerät oder was vielleicht Postkartenmotiven oder der Kalenderromantik entspricht. Sind jedoch Konzept und Themen entsprechend den Absichten und Neigungen festgelegt, ist ein wichtiger Schritt zu gelungenen Resultaten getan. Mit klaren Absichten ist es unterwegs wesentlich leichter, seine fotografischen Ziele im Auge zu behalten. Als hilfreich erweist sich, wenn man vorab einen **fotografischen „Fahrplan"** erstellt und Bildideen notiert:

- Was (welche Motive) soll fotografiert werden
- Wie (besondere Aufnahmetechnik, Stil) und für wen (Printmedien, Diaschau, Ausstellung, für Agenturen etc.) sollen die Aufnahmen gemacht werden.

Um solch einen Fahrplan aufstellen zu können, muss man sich zuvor alle verfügbaren **Informationen** über die zu bereisenden Länder beschaffen (Bildbände, Reiseführer, Internet etc.). Je mehr man

Muster eines Ideenkatalogs

- ***Landwirtschaft:*** *Feldarbeit, Einsatz von Tieren, Bauernhof, Fotos z.B. von der Kaffeeproduktion (Plantage, Strauch, Blüte, Nahaufnahme des reifen Kaffees, Pflücken, Lebensumstände der Kaffeearbeiter, Verarbeitung, Transport etc.).*
- ***Handwerk:*** *Töpfern, Weben, Färben, Holzbearbeitung.*
- *Wann und wo sind Markttage?*
- ***Soziale Brennpunkte/Konflikte:*** *Leben auf dem Land, in der Stadt, Kinderarbeit.*
- ***Natur und Naturphänomene:*** *Vulkane, Nationalparks, Wasserfälle, Urwald, Wüste.*
- ***Kulturelles:*** *Trachten, Musikinstrumente, Tänze, Gerichte. Wo finden Feste statt?*
- ***Verkehrsverhältnisse:*** *Transportmittel (Stadtbusse, Rikschas, U-Bahn, Fahrräder), eigenartige Verkehrsschilder etc.*
- ***Umweltprobleme, Entwicklungshilfeprojekte*** *u.ä.*

über ein Land weiß, um so leichter kann man typische, aber auch unübliche Aufnahmen machen.

Natürlich wird man nicht jede einzelne Aufnahme von vornherein planen können. Doch wer schon etwas Reise- und Fotopraxis hat, wird sicherlich schon festgestellt haben, dass nach der Reise immer wieder ganz bestimmte Motive fehlen, an die man nicht gedacht hat oder die im Reisestress untergegangen sind.

Wer sich darüber vorher Gedanken gemacht hat, fotografiert gezielter und rationeller, und dies „erzieht" auch zu einem persönlichen Stil. Sollen die Dias später in **Überblendprojektion** vorgeführt werden, müssen zusätzlich Motiv- und Überblendideen notiert werden.

Fotografierverbote und Einschränkungen

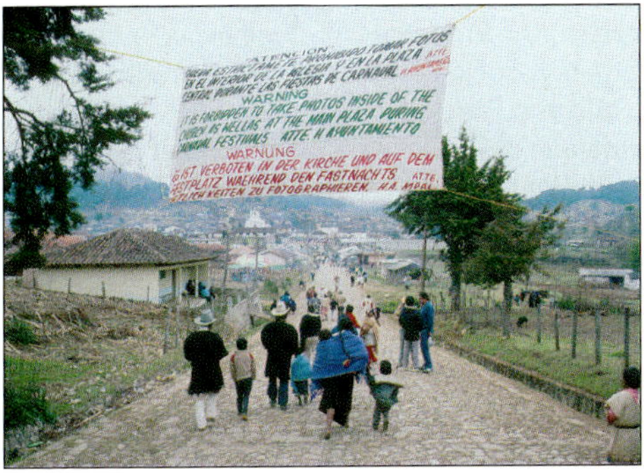

023rf Abb.: hh

Fotografierverbot – ist nicht immer angeschrieben wie in Chamula (Südmexiko)

Fotografieren ist nicht immer problemlos möglich. In einigen Weltgegenden macht man sich damit noch immer der Spionage verdächtig. Schon mancher Arglose richtete unwissend seine Kamera auf ein „harmloses" Motiv und war anschließend den Film, wenn nicht gar die Kamera los. Selten warnen Schilder, wie etwa bei uns vor Kasernen, vor unerlaubtem Fotografieren.

Fotografieren aus **Verkehrsflugzeugen** ist weltweit erlaubt, doch Luftbildaufnahmen aus Privatflugzeugen, Ballonen und Hubschraubern sind bei vorgesehenen Veröffentlichungen oft noch genehmigungspflichtig.

Zurückhaltendes Fotografieren ist besonders **in islamischen Ländern** geboten, denn nach dem Ko-

Fotografierverbote

Einige Örtlichkeiten und Gebäude, die in Ländern der 3. Welt meist mit Fotoverboten belegt sind: Flughäfen, militärische Anlagen und Militärpersonen, Bahnhöfe, Grenzen und Grenzgebiete, Häfen, Industrieanlagen, Kriegsschiffe, Kraftwerke, Gefängnisse, Polizeireviere, Ölfelder und Raffinerien, religiöse (Moscheen) oder archäologischen Stätten, Präsidentenpaläste, Brücken und ähnliches mehr. Besonders vorsichtig muss man in Krisengebieten und diktatorischen Staaten sein, in denen oft Pressezensur herrscht.

ran ist es Muslimen nicht gestattet, Bilder von Menschen zu machen (deshalb gibt es in den Moscheen auch keine Heiligen-Abbildungen).

Auch zum **Schutz von Gemälden oder Wandmalereien,** wie in ägyptischen Tempeln oder in prähistorischen Höhlen, kann Fotografieren verboten sein.

Weitere Einschränkungen oder **Fotografierverbote aus moralischen, sittlichen oder religiösen Gründen** bestehen z.B. in vielen tibetischen Tempeln, bei rituellen Kulthandlungen (afrikanische Initiationsriten, Voodoo-Zeremonien) oder bei öffentlichen Leichenverbrennungen (Indien/Asien). Rund um den Globus gibt es eine Vielzahl von Volksgruppen, die es aus unterschiedlichsten Gründen ablehnen, sich fotografieren zu lassen. So etwa orthodoxe Juden, Amish und Hutterer in Nordamerika, Aborigines in Australien, Maya-Chamulas in Südmexiko oder Mozabiten in Algerien. Der Glaube, Macht über das fotografische Abbild eines Menschen verschaffe Macht über den Abgebildeten, ist auch bei zahlreichen Ethnien in Schwarzafrika verbreitet, und bei den Indios in Südamerika hat eine Kamera den Ruf, sie würde die Seele des Fotografierten rauben.

! Bitte respektieren Sie solche Vorstellungen und üben Sie fotografische Zurückhaltung. Die Achtung anderer Religionen und Weltsichten hat Vorrang vor dem Wunsch, möglichst eindrucksvolle Fotos zu machen. Im Zweifelsfall sollte vorher um Erlaubnis gefragt werden.

Fotografisch sehen lernen

Um die Schönheit eines Landes und die Kultur seiner Menschen mit der Kamera einzufangen, bedarf es neben wachen Sinnen besonders geschulter Augen. Vor dem Fotografieren von Sehenswürdigkeiten sollte man sich z.B. fragen: Mache ich hier wirklich *mein* Bild oder kopiere ich nur etwas, was Hunderte vor mir schon in gleicher Art kopiert haben?

Um neu bzw. ursprünglich und differenziert zu sehen, müssen eingefahrene, stereotype Sehweisen überwunden und die durch visuelle Reizüberflutung abgestumpften Sinne wieder geschärft werden. Ein Bild sollte bereits in der „inneren Optik" entstehen, im Kopf fotografisch abstrahiert werden. **Das Erkennen attraktiver Motive ist der halbe Weg zu einem guten Bild.**

Motive mit Signalcharakter sind leicht zu entdecken - doch wie fotografiert man Alltägliches ausgefallen? Orientierung bieten z.B. die **Fotos guter Fotografen,** die Bilder in den Zeitschriften „National Geographic" und „GEO" sowie künstlerische Fotozeitschriften. Ein einmal gesehendes Bild, im Kopf gespeichert, kann oft Jahre später ein eigenes Foto positiv beeinflussen.

Ein weiterer guter Weg, das Bild- und das Farbempfinden zu schulen, ist das **bewußte Sehen von Fernseh- und Kinofilmen:** Dabei die Kameraführung und die bildwirksamen Einstellungen analysieren, den Einsatz der Brennweiten und die Farbenzusammenstellung.

Was macht ein Foto gut?
Ein gutes Bild ist mehr als nur ein scharfes und richtig belichtetes Foto. Es ist die gelungene Synthese von überlegt angewandter Technik und künstlerischem Ausdruck, die das Verlangen nach Information (dokumentarischer Nutzen) ebenso befriedigt wie das Bedürfnis nach Ästhetik (neues Seherlebnis).

Durch Beschränkung zu präziserer Mitteilung: Viele Fotografen begehen den Fehler, dass sie „alles" im Bild haben wollen. Das Prinzip für gute Bilder ist hingegen **selektives Sehen,** die Kunst, Details für das Ganze sprechen zu lassen. Tele-Objektive „erziehen" zu einer solchen Sehweise. Details, vergrößert dargestellt, können die Phantasie des Betrachters stärker anregen als der ganze abgebildete Gegenstand.

! Das Geheimnis fotografischen Sehens liegt u.a. darin, sich vorstellen zu können, wie ein Motiv später im Bild wirken wird, anstatt sich nur von einem fotogenen Motiv beeindrucken zu lassen.

Um Bildideen zu verwirklichen, stehen als wichtigste **Gestaltungsmittel** verschiedene Objektivbrennweiten, Lichtwirkungen, Farben, Kompositionsregeln sowie Schärfe und Unschärfe zur Verfügung.

Licht als Motiv

Das Licht beeinflusst ein Foto entscheidend, ist *das* elementare Gestaltungsmittel. Licht schafft Stimmungen und erzeugt die Illusion von Räumlichkeit. Es ist keineswegs egal, ob für ein Foto das Licht von vorn, von hinten oder von der Seite kommt, ob es hart oder diffus ist, ob man im Morgen-, Mittags-, oder Abendlicht fotografiert. Jedes Licht hat seine Eigenschaften und Auswirkungen auf das Bild. Lichtstimmungen müssen deshalb bewusst wahrgenommen werden, um dann bei „richtigem" Licht fotografieren zu können. Schöne (und weniger schöne) Lichtstimmungen treten auf Dias viel intensiver zutage, als es die Augen wahrgenommen haben!

Hartes, direktes Licht wirkt dramatisch, erhöht die Plastizität, schafft modellierende Schatten und verstärkt Kontraste, betont Linien und Formen von Gegenständen. Als Streiflicht läßt es Strukturen von

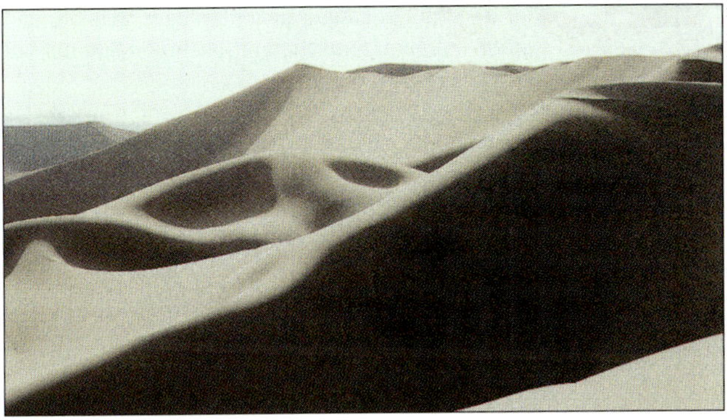

Ohne morgendliches Streiflicht ein uninteressantes Motiv (Namib-Wüste)

Oberflächen deutlich hervortreten. Die richtige Beleuchtung für plastische Darstellungen: Landschaften oder z.B. Wüstendünen zeigen in hartem Licht topographische Erhebungen und Vertiefungen am besten. Dieses Licht ist auch ideal für Architekturfotos.

Gedämpftes, diffuses (indirektes) Licht ruft weiche, sanfte, gefühlvolle Bildstimmungen hervor; es liefert zarte, pastellartige Farben mit geringer Intensität. Ideal für einen Großteil aller Motive, besonders für Porträts und für Nahaufnahmen von Blumen und Gegenständen.

Vorderlicht: Dabei hat man die Sonne im Rücken, wodurch die dreidimensionale Form eines Motivs kaum noch betont wird. Je nach Sonnenstand gibt es tiefes und hohes Vorderlicht (Mittagslicht). Das letztere ist für Porträts extrem ungünstig. Dagegen läßt Vorderlicht Farben am intensivsten leuchten.

Gegenlicht ist fototechnisch die wohl schwierigste Lichtart, erzeugt aber die schönsten, aufregendsten und romantischsten Fotos. Alle durchsichtigen und durchscheinenden Dinge wie Haare, Blätter, Wolken, Federn, Textilien, Schneeflocken u.a. mehr sollten im Gegenlicht aufgenommen werden. Vorsicht mit der Belichtung: Länger belichten bzw. Belichtungsreihen machen! Starke Unterbelichtung erzeugt bei Gegenlicht Silhouetten.

025rf Abb.: hh

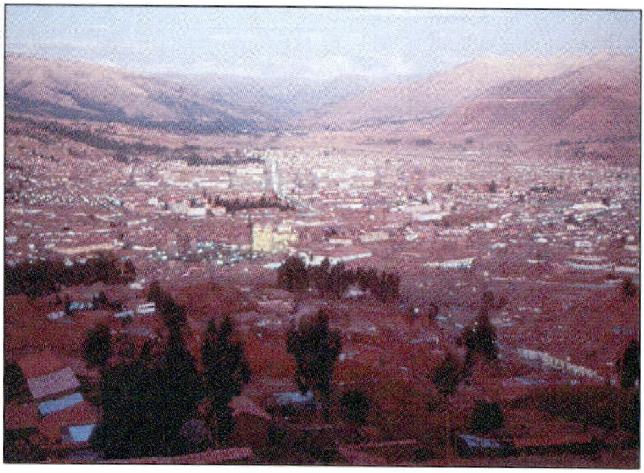

Bildwirkung durch abendliches Zwielicht (Cusco, Peru)

Tagesrest- und Mischlicht ergibt ungewöhnlich stimmungsvolle Fotos. Schwächer werdendes Tageslicht, besonders in Verbindung mit künstlichen Lichtquellen (Neonlicht, Glühlampen, Feuer) ist die Basis für besondere Bildeffekte. Es ergeben sich Farbverschiebungen, die nicht voraussehbar bzw. mit dem Auge nicht wahrnehmbar sind, dafür aber Atmosphäre und Stimmungen am besten wiedergeben.

026rf Abb.: hh

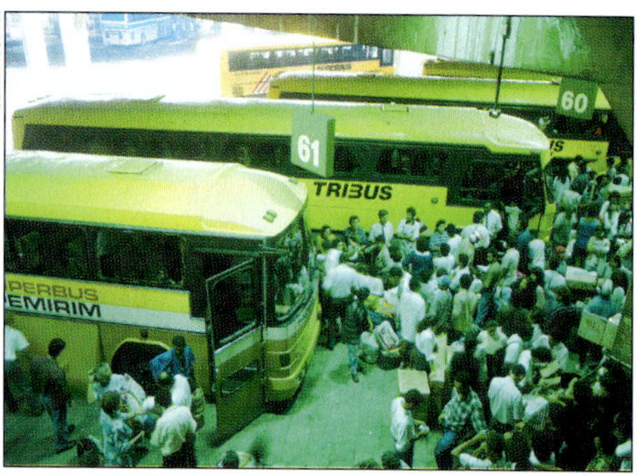

Wie Kunstlicht Farben verfälscht: Die Busse im Vordergrund sind genauso gelb wie der Bus im Hintergrund (São Paulo, Brasilien)

Natürlich wird man in den seltensten Fällen am Aufnahmeort optimales, motivangepaßtes Licht oder außergewöhnliche Lichtstimmungen antreffen. Deshalb ist es nicht verkehrt, den umgekehrten Weg zu gehen:

! **Fotografieren Sie, wenn das Licht außergewöhnlich ist,** anstatt nur auf fotogene Motive zu achten! So erfahren plötzlich banale, sonst unfotogene Dinge dramatische Veränderungen, und durch das Spiel von Licht und Schatten entstehen äussert bildwirksame Fotos.

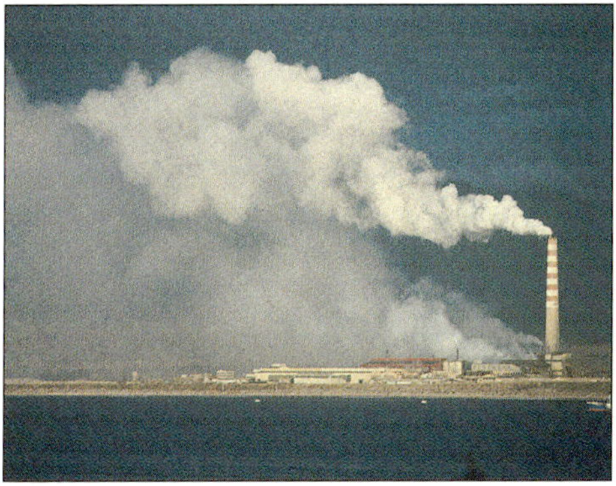

027rf Abb.: hh

Fotografieren, wenn das Licht außergewöhnlich ist (Argentinien); 200-mm-Tele

Farbe als Motiv

Wer Farben gezielt für bessere Fotos einsetzen will, muss Farbe und farbige Motive nicht nur erkennen können, sondern sich auch mit Farbwirkungen und Farbkompositionen auseinandersetzen. Deshalb lohnt es, gelegentlich ein gutes Foto-Farbenlehrbuch zu studieren und den Farbsinn z.B. anhand attraktiver farbiger Werbeanzeigen zu schulen. Hier einige wichtige Tipps für bessere Farbfotos:

Farbig fotografieren heißt nicht, bunt zu fotografieren. Buntheit, also das wirre Nebeneinander vieler verschiedener Farben, wirkt unschön. Wenig Farben oder Ton-in-Ton-Farben und große Farbflächen sind wesentlich wirkungsvoller als ein „Farbensalat".

Lernen Sie, sowohl verwandte als auch kontrastierende Farben zu erkennen und sie in die Bildkomposition einzubauen. Verwandte Farben liegen im Farbkreis nebeneinander, z.B. Gelb, Orange und Rot. Sie bewirken Ausgleich und Harmonie. Kontrast- oder Komplementärfarben, wie blau/gelb oder rot/grün wirken lebhaft, provokativ und erzeugen Spannung.

Am stärksten leuchtet Farbe vor Schwarz. Setzen Sie schwarze Wände, Hauseingänge, alle dunklen Flächen als Motivhintergründe (z.B. für Porträts) ein.

Starke Farbenleuchtkraft vor schwarzem Hintergrund

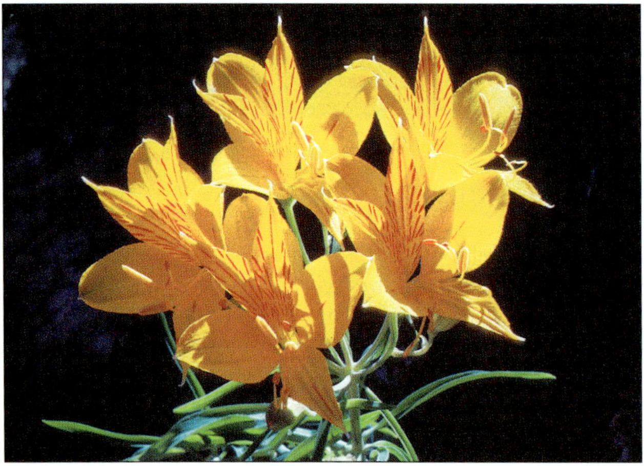

Farben appellieren an unser Gefühl, rufen Emotionen wach. Aufgrund ihrer Wirkung bezeichnet man als „warm“ alle Farben von gelb bis rot, als „kalt“ alle bläulichen (blau-grün ist dabei die „kälteste“ Farbe). Durch diese unterschiedlichen psychologischen Wirkungen und den Gefühlsgehalt kann eigenes Empfinden ausgedrückt und können fremde Gefühle angesprochen werden. „Warme“ Farben haben die Tendenz, nach vorne zu drängen, während „kalte“ Farben **Hintergrundfarben sind.** Sie steigern die Tiefenwirkung einer Aufnahme beträchtlich.

Farben und Tageszeit

Die Tageszeit hat einen enormen Einfluss auf die Wiedergabe von Farben. Mit dem Sonnenstand verändert sich nämlich die farbliche Zusammensetzung des Sonnenlichts: Während um die **Mittagszeit** Farben kalt und bläulich wirken, sind sie **morgends und vor der Abenddämmerung** warm und romantisch. Damit verändert sich auch der emotionale Gehalt eines Fotos.

Diese tageszeitabhängige farbliche Zusammensetzung des Sonnenlichts erklärt auch **„Farbstiche“:** Dia-Filme „sehen“ die Farben so, wie sie wirklich sind, während unsere Augen Farben so sehen, wie wir sie uns vorstellen ... Anders ausgedrückt: Unsere Augen sind nicht in der Lage zu beurteilen, ob eine bestimmte Lichtquelle der Norm entspricht, auf die der Dia-Film geeicht ist (sog. Kelvingrade). Durch die Reflexion eines blauen Himmels sind die Farben im Schatten nicht mehr neutralfarbig, sondern eben bläulich – das ist dann der „Blau-

Porträtaufnahmen
Um Farbstiche, z.B. bei Porträtfotos, zu vermeiden, nicht unter grünen Bäumen oder vor farbigen Wänden fotografieren.

Bessere Reisefotos

stich". Auch bei Kunstlicht bleiben Überraschungen nie aus: Was im Schein einer Leuchtstoffröhre noch schön „weiß" aussah, ist hinterher auf dem Dia grünstichig.

Einige Kompositionsregeln

- **Waagerechte Linien** – also der Horizont, Straßen, Schienen, Flüsse, Mauern und dergleichen – stehen für Ruhe, Ausgewogenheit und Statik.
- **Senkrechte Elemente** wie Türme, Hochhäuser, Masten, Bäume etc. verkörpern Dynamik, Aufwärtsstrebendes.
- **Kurven** wirken verbindend, sie können mit ihrer Vitalität ein ganzes Bild beherrschen.
- **Diagonale** assoziieren Bewegung und Spannung. Eine von links unten beginnende Diagonale symbolisiert Aufstieg, wirkt also positiv; eine links oben beginnende assoziiert Abstieg, wirkt entsprechend negativ.
- Der **„Goldene Schnitt"** ist die Aufteilung einer Strecke in zwei harmonische Proportionen. Mathematisch ausgedrückt: Bei der Teilung einer Strecke soll sich die kleinere Teilstrecke zur größe-

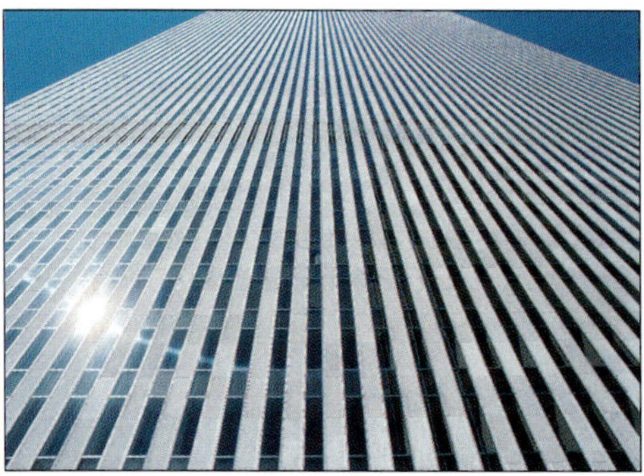

029rf Abb.: hh

Dynamik durch nahes Herangehen - Wolkenkratzer in New York; Weitwinkel 21 mm

ren so verhalten wie die große Teilstrecke zur Gesamtlänge. Als Faustregel gilt die Proportion 2:3. Ein Bild, das nach der Regel des „Goldenen Schnitts" aufgeteilt ist, wirkt ausgewogen.

- Da man ein Bild vorwiegend von links nach rechts betrachtet, sollte der **Motivschwerpunkt** eher links als rechts platziert werden.
- In die **Blick- oder Bewegungsrichtung** des Motivs (Porträt, Fahrzeug etc.) sollte mehr Platz gelassen werden.

Fazit: Vor dem Druck aufs Knöpfchen sollten jedesmal einige schnelle analytische Gedanken und Überlegungen vorausgehen: Licht ...? Bildaufbau ...? Farben ...? Störender Hintergrund ...? Gestaltungsregeln sollte man kennen, doch auch einmal versuchen, aus Gesetzmäßigkeiten auszubrechen, weil kreatives Fotografieren nichts mit sturen Regeln zu tun hat.

Wie erziele ich scharfe Bilder?

Brillantscharfe Dias und Fotos zu erzielen ist der Wunsch eines jeden Fotografen. Nach meinen Beobachtungen geraten viele Bilder unscharf, weil die Kamera beim Auslösen nicht absolut ruhig gehalten (oder nicht richtig fokussiert) wurde. Besondere Verwacklungsgefahr besteht bei **Verwendung eines Tele-Objektivs** bzw. bei einem schweren Tele-Zoom (mit leichter Kamera). Doch Abhilfe naht: es gibt bereits Objektive mit elektronischen Verwacklungsreduzierungen, genannt Image Stabilizer – doch wann kommt endlich die Motivklingel?

Tele-Aufnahmen aus der Hand

Für unverwackelte Aufnahmen aus der Hand sollte die Mindestverschlusszeit nicht länger sein als die Brennweite des Objektivs, bei einem 50-mm-Objektiv also ca. 1/60, bei einem 35er 1/30 und bei einem 200er 1/250 Sekunde. Extreme Teleobjektive verlangen aber immer nach einer festen Unterlage. Ein 500-mm-Objektiv lässt sich auch bei einer 1/500 Sekunden aus der Hand kaum verwacklungsfrei auslösen.

Tipps gegen Verwacklungsunschärfe

- Auf richtige Kamerahaltung und sicheren Stand achten. Kamerariemen soweit kürzen, bis er straff um Rücken und Schulter läuft, wenn die Kamera ans Auge gehoben wird. Kamera mit beiden Händen fest ans Gesicht ziehen. Ein Bein leicht nach vorne stellen, Oberarme an den Körper drücken.

Improvisierte Unterlagen

Zum Unterstützen der Kamera auf Unebenheiten habe ich immer ein wenig Knetmasse aus dem Spielwarengeschäft dabei. Als Unterlage für Tele-Objektive hat sich auch eine mit Sand (oder Bohnen) gefüllte Socke bewährt.

- Auslösen: Druckpunkt erfühlen, Atem anhalten, weich und doch zügig durchdrücken
- Jede Möglichkeit des Aufstützens oder Anlehnens ausnützen, besonders bei Tele-Objektiven. Doch Vorsicht beim Anlehnen an Fahnenstangen, Lichtmasten und laufende Autos – sie vibrieren fast immer.
- Wenn man kurz zuvor körperlich aktiv bzw. „zittrig“ war (z.B. nach einem steilen Treppenaufstieg), eine Weile warten.

Unverwackelte längere Belichtungen

An ein Stativgewindestück (Fotohandel) wird eine ca. 2 m lange Schnur gebunden und ins Stativgewinde am Kameraboden eingeschraubt. Dann mit dem Fuß auf die Schnur treten und die Kamera unter Spannung ans Gesicht ziehen.

- Immer die kürzest mögliche Verschlusszeit wählen – denn was nützt ein bisschen mehr Schärfentiefe, wenn wegen der längeren Verschlusszeit das Bild verzittert wird?
- Bei längeren Verschlusszeiten, so ab einer 1/4 Sekunde, stütze ich die Kamera an einem festen Gegenstand ab oder schraube sie auf mein kleines Taschenstativ. Zuvor aktiviere ich den Selbstauslöser. Damit wird vermieden, dass man beim Niederdrücken des Auslösers die Kamera verreißt.

Rund um die Schärfentiefe

Unendlich-Einstellung

Bei einer Landschaftsaufnahme, die möglichst vom Vordergrund bis zum Horizont scharf sein soll, braucht die Entfernung nicht auf die „unendlich"-Markierung (∞) eingestellt zu werden, sondern auf jene Distanz, bei der die verwendete Blendenzahl auf der Schärfentiefenskala des Objektivs der Unendlich-Markierung gegenüberliegt (dazu Autofokus abschalten). Kompliziert? Ein Blick auf ein Objektiv wird alles schnell verdeutlichen (s.u.), sofern das Objektiv überhaupt noch eine Schärfentiefenskala besitzt. Bei Objektiven moderner Bauart verzichten die Hersteller zunehmend immer mehr darauf und statten dafür ihre Kameras mit Schärfentiefen-Programmen aus (z.B. Canon). Die G-Objektive von Nikon haben nicht einmal mehr einen Blendenring. Trotzdem lohnt es sich nach wie vor, die Zusammenhänge um die Schärfentiefe zu kennen.

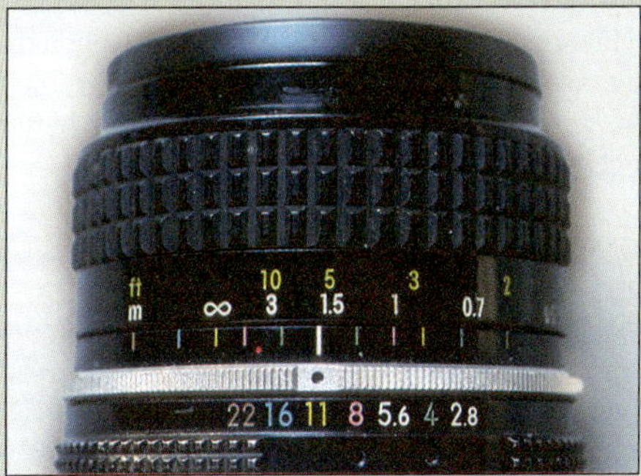

030rf Abb.: hh

Die Schärfe eines Bildes ergibt sich nicht nur allein durch eine hervorragende Optik und einen hochauflösenden Film, sondern auch durch weitere Faktoren wie beispielsweise:

- Aufnahmen nach einem Gewitterregen, wenn die Luft von Dunst und Staub gereinigt ist, sind von ausgesprochener Brillanz, die den Schärfeeindruck verstärkt.
- Desgleichen gesteigert wird die Schärfeempfindung durch flaches, hartes Streiflicht und durch kontrastreiche, komplementäre Farben.
- Auch Motivteile, die in ihrer Helligkeit stark unterschiedlich sind (Motivkontrast), beeinflussen die Schärfe: Je stärker der Kontrast, desto schärfer die Wirkung.

Erst aus dem Zusammenwirken all dieser Komponenten ergeben sich „gestochen" scharfe Bilder.

Falsch ist es, durch **starkes Abblenden** eine höhere Bildschärfe erzielen zu wollen. Was sich beim Abblenden erhöht beziehungsweise ausdehnt, ist die Schärfentiefe. Die beste Abbildungsqualität eines Objektivs wird übrigens nach Abblenden von maximal 2 bis 3 Blendenstufen, ausgehend von der Anfangsöffnung, erreicht (also etwa bei Blende 5,6 bis 8). Es ist nicht sinnvoll, wegen der „allgemeinen" Bildschärfe immer radikal abzublenden, zumal ja selten eine von vorne bis hinten durchgehende Bildschärfe erwünscht ist.

Unschärfe als Gestaltungsmittel

Fotos, die bewusst mit **„selektiver Schärfe"** gestaltet werden, bei denen nur derjenige Motivbereich scharf wiedergegeben wird, der für die Bildaussage wichtig ist und bei denen störende Vorder- und Hintergründe in Unschärfe versinken (oder in unscharfe Farbflächen aufgelöst werden), sind fast immer die reizvollsten. Das Auge soll also direkt auf das Wesentliche eines Bildes hingeführt werden. Selektive Schärfe kann erzielt werden, indem man exakt fokussiert und nur gering abblendet (z.B. Blende 4).

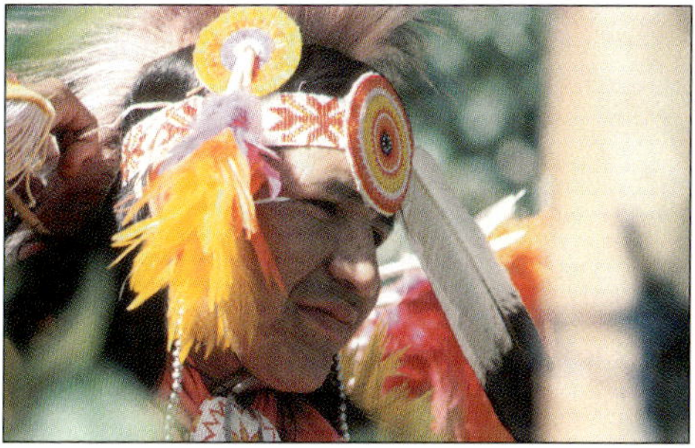

Bildbeispiel „selektive Schärfe"; mit dem 200-mm-Tele auf kurzer Distanz

Je länger die Objektivbrennweite ist (z.B. 200 mm), desto geringer ist die objektiveigene Schärfentiefe. **Tele-Objektive** eignen sich deshalb vorzüglich für selektive Schärfe-Aufnahmen, z.B. für Porträts.

Fazit: Wer mit Schärfe, Schärfentiefe und Unschärfe umzugehen und sie gezielt einzusetzen weiß, wird schnell bessere Fotos erzielen.

Bewegungen festhalten

Mitziehen

Die Kamera während der Belichtung mitzuziehen ist ein fotografisch bewährtes Mittel, um die Illusion von Geschwindigkeit und Bewegung zu symbolisieren. Dabei wird der Hintergrund verwischt und das Objekt, z.B. ein fahrendes Auto, ein Wettläufer oder ein flüchtendes Tier, scharf oder zumindest in größeren Teilen scharf wiedergegeben.

- Der optische Eindruck ist abhängig von der verwendeten **Belichtungszeit** (etwa im Bereich zwischen 1/30 und 1/4 Sekunde) und der Schnelligkeit der Bewegung. Wichtig dabei ist, dass beim Mitziehen die Verschlusszeit weder zu kurz (Ein-

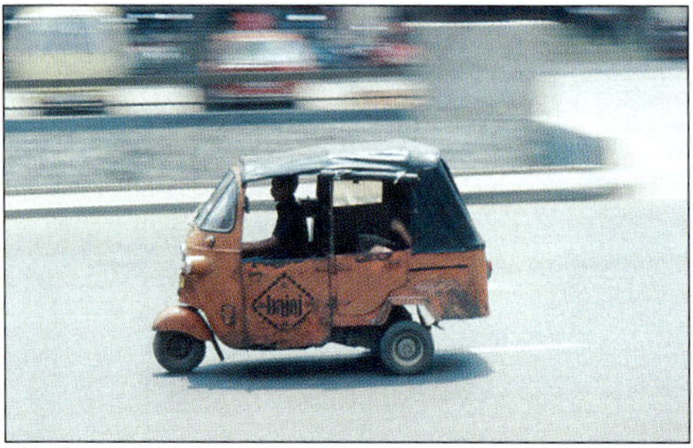

032rf Abb.: hh

Bildbeispiel „mitziehen“ (Indonesien); 105-mm-Tele, 1/4 Sek.

druck fehlerhafter Aufnahmetechnik) noch zu lang (Objekt zu unscharf) gewählt wird.

- Das **Mitziehen muss schon vor dem Auslösen** beginnen und im Moment des Auslösens gleichförmig weitergeführt werden, so dass sich das Objekt immer an der gleichen Stelle des Suchers befindet.
- Um das Motiv aus seinem Umfeld besser herauszulösen, eignet sich dafür ein **Teleobjektiv besser als ein Weitwinkel.**

Kulminationspunkt nutzen

Bei rhythmischen Bewegungsabläufen erst dann auslösen, wenn sich die Bewegung auf dem Kulminationspunkt („toter Punkt“) befindet, d.h., wenn die Bewegung für den Bruchteil einer Sekunde stillzustehen scheint, bevor sie in eine andere Richtung umschlägt, z.B. beim Stabhochspringer kurz nach dem Überqueren der Latte.

Einfrieren

Mit einer sehr kurzen Belichtungszeit (meist zwischen 1/250 und 1/1000 Sekunde) können fast alle Bewegungsabläufe „eingefroren“ werden. Wie kurz die Belichtungszeit sein muss, hängt davon ab, wie schnell die Bewegungsgeschwindigkeit ist, wie groß das Objekt abzubilden ist und wie groß der Winkel zur Aufnahmeachse ist: Je seitlicher der Bewegungsablauf festgehalten wird, desto kürzer muss die Verschlusszeit sein.

Direkt auf den Fotografen zu oder direkt von ihm weggehende Bewegungen können auch noch mit relativ „langen" Zeiten scharf „eingefroren" werden.

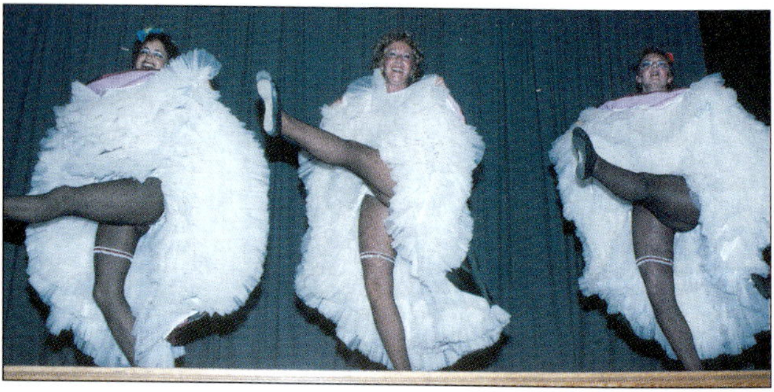

033rf Abb.: hh

Bewegungsunschärfe im Motiv

Bildbeispiel „Kulminationspunkt": Auslösen, wenn die Beine am höchsten fliegen ...

Um den Effekt von Bewegungsunschärfe zu erzielen, wird die Kamera auf ein Stativ montiert und der Verschluss auf ↗„B" gestellt. Der Verschluss wird mit dem Drahtauslöser geöffnet.

Motive sind beispielsweise nächtliche, stark befahrene Straßen (Autolichter werden als Streifen abgebildet), Feuerwerke, der Sternenhimmel u.a.m. Reizvolle Gegensätze entstehen, wenn statische und dynamische Bildelemente verknüpft werden: z.B. mit einer sehr langen Zeit (stärkste Abblendung) gehende Menschen auf einem Platz aufnehmen; die Menschen werden dann verwischt wiedergegeben, ihre Umgebung scharf.

B = engl. ball, „beliebig lang" (bleibt der Verschluss offen)

Bewegung vortäuschen

Wird während der Belichtung der Brennweitenring eines Zoom-Objektivs fließend verschoben, entsteht der typisch **„explosive" Zoom-Effekt.** Dazu ist allerdings eine feste Auflage oder ein Stativ nötig.

Nicht kürzer als ca. 1/2 Sekunde belichten, sonst kommt man mit der Brennweitenverschiebung nicht mehr nach. Kann solch eine lange Zeit auch bei stärkster Abblendung nicht erzielt werden, muss ein Graufilter verwendet werden (oder ersatzweise ein Pol-Filter).

„Einzoomen", also beispielsweise von 200 auf 80 mm, führt meist zu besseren Ergebnissen als „auszoomen". Das Verhältnis von Zoom- und Belichtungszeit sollte etwa 1:2 betragen, also eine 1/2 Sekunde zoomen und 1 Sekunde bei fester Brennweite belichten. Nur viele Versuche führen zu guten Resultaten.

Als **Motive** eignen sich z.B. nächtliche Leuchtreklamen, Sport-Disziplinen und alle Motive, die relativ statisch sind, doch von strahlenden Lichtern oder Lichtreflexen umgeben sind, beispielsweise ein Segelboot auf dem Wasser bei Gegenlicht.

034rf Abb.: hh

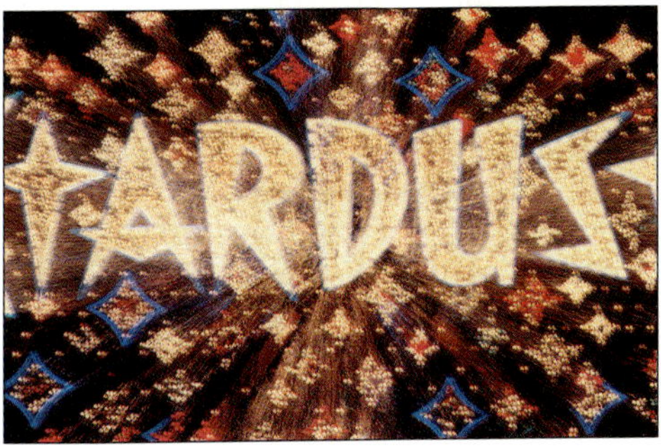

Bildbeispiel Zoom-Effekt (80-200 mm)

Richtig belichten kein Problem

Man darf der Belichtungselektronik der Kamera nicht blindlings vertrauen.

- Ist die **Helligkeit** eines Motivs überdurchschnittlich **hoch** (z.B. eine Schneelandschaft), so neigen

Belichtungsmesser zur **Unterbelichtung** (weil sie „geblendet“ werden und dann eine zu kurze Zeit/zu kleine Blende „melden“). Bei Schnee ist deshalb eine längere Belichtung von 1 bis 2 Blenden bzw. Zeitwerten nötig.

- Dominieren dagegen **sehr dunkle Bildteile** (z.B. Lavalandschaft, schwarzes Glas an Hochhäusern), so tendieren sie zur **Überbelichtung.** Man muss also etwas kürzer belichten als angezeigt. Dazu am besten ein neutralhelles Motiv anmessen, z.B. die Handfläche oder den Boden vor einem, und den Wert mittels ↗ Messwertspeicher festhalten oder alles manuell einstellen. Kompaktkameras besitzen oft eine Gegenlichttaste.

Messwertspeicherung
Auch „Memory Lock“ oder „Auto Exposure Lock“ genannt: Diese Kamerafunktion erlaubt, einen bestimmten Belichtungswert mittels Knopfdruck zu speichern und so für ein Bild die Belichtungsautomatik zu korrigieren.

Kritische Lichtverhältnisse bzw. Motive müssen also erkannt werden (gleißender Schnee, weiße Sandstrände, reflektierende Glasfassaden, spiegelnde Wasseroberflächen, weiß gekalkte südliche Häuser etc.), um dann reichlicher bzw. knapper als angezeigt zu be-

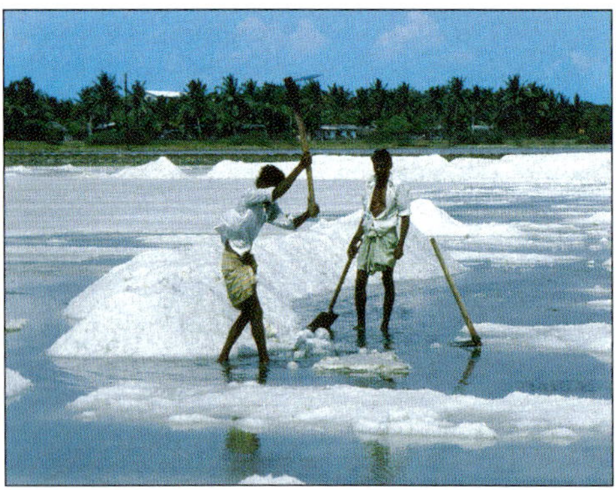
035rf Abb.: hh

Bei reflektierenden Motiven Vorsicht bei der Belichtungsmessung! (Salzarbeiter, Sri Lanka)

Bessere Reisefotos

lichten. Vorherige Tests zum Belichtungsverhalten Ihrer Kamera bei solchen Motiven/Lichtverhältnissen sind empfehlenswert.

Kameras verfügen meist über **verschiedene Belichtungsmodi,** z.B. Mitten-, ↗Spot- oder ↗Integralmessung. Eine mittenbetonte oder eine Integralmessung sollte vorgezogen werden, denn bei diesen Messmethoden lässt es sich noch einigermaßen abschätzen, wieviel in einem Belichtungs-Extremfall zu reduzieren oder zuzugeben ist.

Bei einer Kamera mit ↗Mehrfeldmessung („Matrix", „Multispot" u.ä. Bezeichnungen) ist die Treffsicherheit der richtigen Belichtung durch eine einprogrammierte Motivdatenbank zwar sehr hoch, doch geben diese Modi einem „mitdenkenden" Fotografen kaum mehr die Chance, den neutralen Grundbelichtungswert zu erkennen. Deshalb sollte die Belichtungseinstellung auch immer wieder einmal manuell vorgenommen werden, um ein Gespür für die angezeigten Werte in kritischen Lichtverhältnissen zu entwickeln.

Spotmessung
Gezieltes Anmessen bildwichtiger Teile. Für schwierigste Lichtsituationen. Der Messwinkel wird dabei im Kamerasucher von einem kleinen Kreis oder durch ein Rechteck angezeigt.

Integralmessung
Belichtungsmessung, bei der das ganze Sucherfeld berücksichtigt wird. Zentrum und Randzonen werden je nach Kamera-Fabrikat und Modell unterschiedlich gewertet.

Multispot-/Matrixmessung
Die Teile eines Motivs werden einzeln mit einem engen Meßwinkel angemessen, dann errechnet die Belichtungselektronik einen Mittelwert.

Der richtige Messpunkt
*Bei **Diafilmen** die Belichtung nach den **hellen** Motivpunkten ausrichten, bei **Negativfilmen** nach den **dunklen.***

Bildgestaltung mit Weitwinkel- und Teleobjektiven

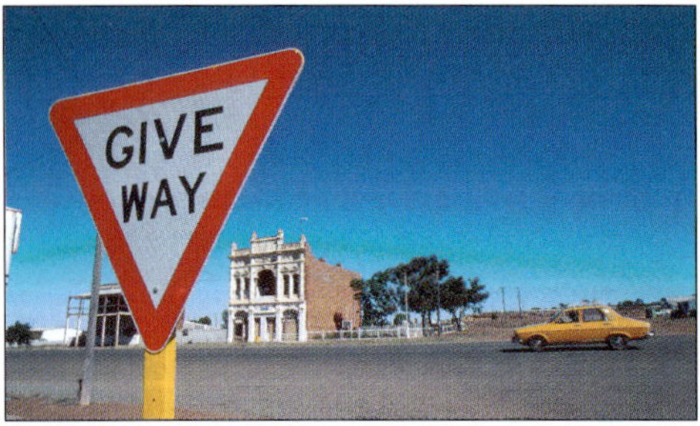

036rf Abb.: hh

Egal ob Weitwinkel …

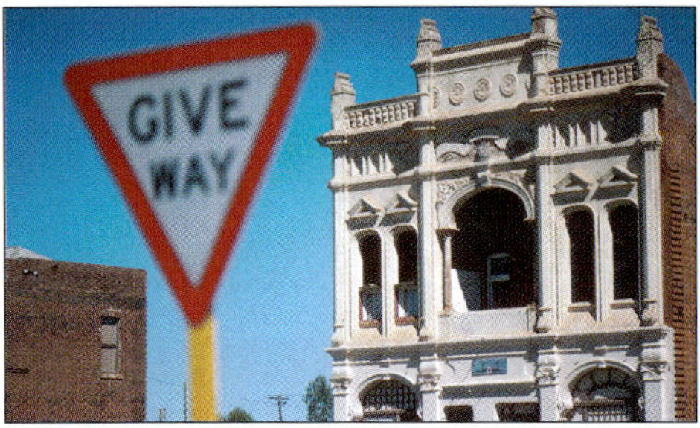

037rf Abb.: hh

… oder Tele-Objektiv: Bildgestaltung ist Ansichtssache (Australien)

Fakt: Ungewöhnliche Brennweiten schaffen ungewöhnliche Fotos – doch sie können auch, wie etwa bei Super-Weitwinkel-Fotos, zu Effekthascherei verführen.

Weitwinkel- und Teleobjektive sind in der Fotografie die wichtigsten Mittel, **um die Perspektive zu verändern,** also Raumtiefe oder Raumkomprimierung zu erzielen, nämlich **durch Verändern der Aufnahmedistanz.**

Porträts mit WW-Objektiv

Eindrucksvoll sind Porträts von Personen, die sie mit Weitwinkel-Objektiven aus nächster Distanz übergroß ins Bild gerückt in ihrem Umfeld zeigen. Aus der Untersicht aufgenommen, können Personen mit Weitwinkel-Objektiven sowohl dynamisch als auch unästhetisch wirken.

Praxistipps Weitwinkelobjektive

- *Kamera genau waagerecht halten, der Horizont darf nicht nach links oder rechts kippen.*
- *Durch große Bildwinkel und Filter entstehen sehr leicht Sonnenreflexe (Blendenflecken). Wenn sie nicht als Gestaltungsmittel willkommen sind, wird zur Vermeidung das Filter abgeschraubt und das Objektiv mit der Handfläche oder einem Karton abgeschattet.*
- *Durch stärkstes Abblenden (22) treten bei extremen Weitwinkel-Objektiven Beugungserscheinungen auf: Wird die Sonne mit ins Bild einbezogen und unterbelichtet, erscheint sie später als strahlender Stern. Ein schöner Effekt.*

Mitten drin – Weitwinkel-Objektive

Weitwinkel erzeugen eine „steilere" Perspektive. Je kurzbrennweitiger das Objektiv ist (28, 24, 20 mm), desto ausgeprägter sind Plastizität und Tiefe. Bauwerke von der Froschperspektive erscheinen noch höher und wuchtiger, Landschaftsaufnahmen vermitteln das Gefühl unendlicher Weite, Personen können karikiert werden.

Um gewöhnliche Motive spektakulär abzubilden, sind extreme Weitwinkelobjektive und niedere Kamerastandpunkte die richtigen Mittel.

Graphischer Effekt durch ein 21-mm-Weitwinkel (Burma)

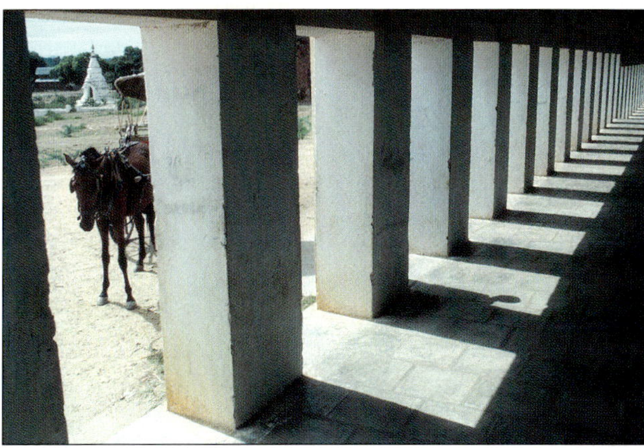

038rf Abb.: hh

Fish-eye-Objektive

Fish-eye-Objektive bieten sich vor allem für runde oder rundliche Motive von erhöhtem Standpunkt an, z.B. für die ovale Schüssel eines Stadions. Aber auch Wolkenformationen lassen sich mit so einem Objektiv eindrucksvoll ins Bild setzen.

Bei Landschaftsfotos mit diesem Objektiv sollte die Kamera genau waagerecht ausgerichtet sein und darauf geachtet werden, dass sich im Randbereich keine Bäume, Masten oder ähnliche Objekte befinden (sonst verbogene Abbildung).

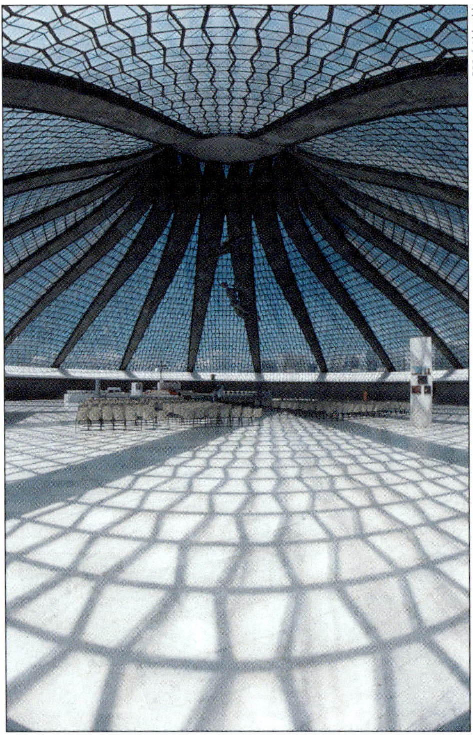

039rf Abb.: hh

Basilika in Brasilia (Brasilien) mit dem Fish-eye 16 mm

Praxistipps Teleobjektive

- *Da die verdichtende Bildwirkung von Tele-Objektiven mit dem bloßen Auge selten erkennbar ist, sollte man immer wieder, besonders bei relativ langweiligen Objekten, mit einem Tele-Objektiv Motive auf interessant wirkende Ausschnitte „abtasten".*
- *Tele-Objektive haben eine geringe Schärfentiefe, der Unterschied zwischen Schärfe- und Unschärfebereich ist viel ausgeprägter als bei Normal- oder Weitwinkel-Objektiven. Dieser Effekt fällt um so krasser aus, je länger die verwendete Brennweite ist. Er lässt sich hervorragend für eine überlegte Bildgestaltung bzw. selektive Schärfe einsetzen: Hinter- und Vordergrund-Details lösen sich in wohltuende Unschärfe auf, der Blick des Betrachters wird zum bildwichtigen Motivteil gelenkt.*
- *Wegen der erhöhten Verwacklungsgefahr bei Tele-Objektiven sollte immer eine kurze Verschlusszeit gewählt und sorgfältig fokussiert werden.*

Landschaftsaufnahmen

Landschaftsaufnahmen mit Weitwinkel-Objektiven sollten **klar gegliedert** sein: Vorder-, Mittel- und Hintergrund.

Zu beachten ist, dass ein **Vordergrundmotiv** (Baum, Person, Gegenstand) durch seine vergrößerte Abbildung eine starke Dominanz erhält, die Bildaussage entscheidend prägt und somit sorgfältig nach logischen oder visuellen Kriterien ausgesucht werden muss. Verzichtet man auf einen Vordergrund, wird Weitläufigkeit und Monotonie (Wüsten, Ebenen) noch mehr unterstrichen. Es empfiehlt sich, mit einem Pol-Filter das Himmelsblau zu verstärken.

Wie bei jeder Aufnahme wird auch bei Weitwinkel-Objektiven die Bildwirkung entscheidend von der **Beleuchtung** mitbestimmt. Besonders bei Fernsichten sollten optimale Wetterbedingungen herrschen: klare Luft (nach Gewitter oder Föhn), modellierendes Seiten-, Früh- oder Abendlicht.

Je nachdem, ob die Landschaft oder der Himmel dominiert, sollte der **Horizont** im unteren oder oberen Bilddrittel verlaufen.

Die herangeholte Ferne – Teleobjektive

Für den bewusst gestaltenden Fotografen sind Tele-Objektive unentbehrlich. Größenunterschiede von „vorn" und „hinten" schwinden, es scheint, dass Raum und Objekte regelrecht zusammengequetscht werden (Fernrohreffekt). Durch diese Raffung des Raumes, der Verflachung dreidimensionaler Objekte, lassen sich frappierende Bildeffekte erzielen. Bei **Landschaftsaufnahmen** entstehen interessante Abstraktionen von Formen und Farben, bei Brennweiten ab 300 mm geradezu impressionistische Bildeffekte. Atmosphärische Phänomene wie Nebel, Hitzeflimmern, Dunst oder staubige Luft lassen sich sowohl positiv (Ton-in-Ton-Farben) als auch negativ (blaustichig, Unschärfe) wiedergeben. Bildinhalte werden durch (starke) Tele-Objektive also manipulierbar und korrigierbar.

Ein 500-mm-Super-Teleobjektiv rafft Raum und Objekte (Brasilien)

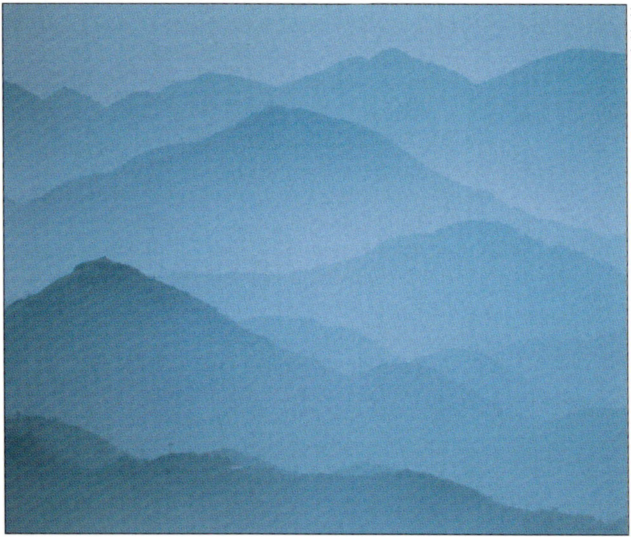

040rf Abb.: hh

Das 200-mm-Tele verdichtet den Rikscha-Verkehr in Dhaka (Bangladesh); durchgehende Schärfe von vorn nach hinten durch starkes Abblenden (11)

041rf Abb.: hh

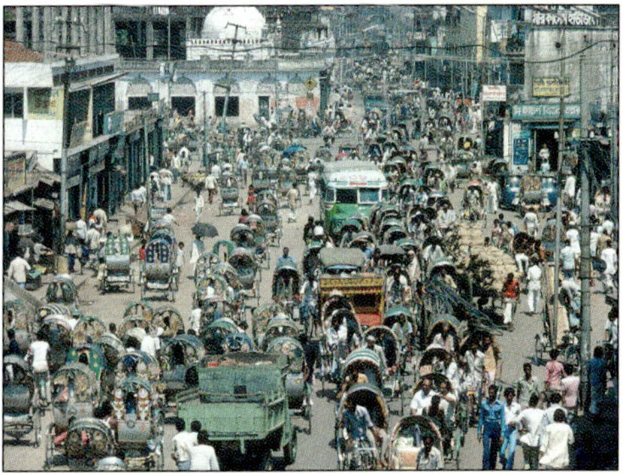

Unbemerktes Fotografieren und Schnappschüsse

Takt und Sitten bestimmen auch beim Schnapp-, besser gesagt beim „Schnellschuss", die Grenzen (s.a. Kapitel „Fotos von Menschen" und „Fotografierverbote und Einschränkungen").

Unbemerkt fotografieren

! Wer unbemerkt fotografieren will, darf selbst kaum bemerkt werden. Man könnte z.B.

- aus einem Hauseingang, einem Auto oder aus einem Fenster heraus fotografieren
- sich von einer zweiten Person abschirmen lassen
- mit einem starken Weitwinkel nah herangehen und auf ein unverfängliches Motiv zielen (wer kennt schon den Bildwinkel eines 20-mm-Objektivs?)
- die weitwinkelbestückte Kamera an seiner Seite herunterhängen lassen und die Kamera „blind" von der Hüfte aus auslösen (erfor-

dert etwas Raumempfinden). Das Resultat ist natürlich Glücksache, doch fällt man so nicht auf, weil Fotografieren ja fast immer mit dem „Apparat-ans-Auge-Heben" assoziiert wird

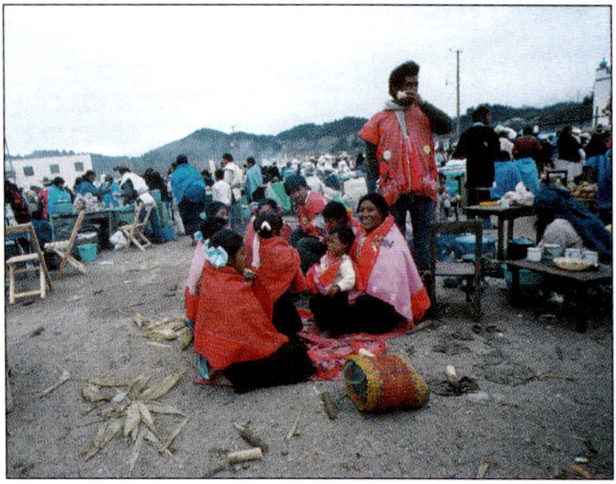

042rf Abb.: hh

Bildbeispiel „blind aus der Hüfte ..." (Mexiko)

Schnell- und Schnappschusstechnik

Die Schnell- und Schnappschusstechnik zu beherrschen heißt, bestimmte schnappschussverdächtige Momente mit Vorstellungsvermögen vorauszuahnen und die dann notwendigen Handlungsabläufe vorauszuplanen.

„Ergiebige" Aufnahmepunkte für Schnappschüsse sind Märkte aller Art, Plätze, Bushaltestellen, Einkaufsstraßen, Sportveranstaltungen, Parks, Rummelplätze, kurz, alle Örtlichkeiten, wo Menschen sind und das Leben pulsiert. In der Nähe von Sehenswürdig-

Kamera vorbereiten

- *Situationsangepasste Objektivbrennweite an der Kamera haben. In Gassen und im Nahbereich also ein Weitwinkel-Objektiv.*
- *Eine non-Autofokus-Kamera voreinstellen: Weitwinkelobjektiv, Entfernungseinstellung zwischen 3 und 5 m, Blende 5,6. Beim Wechsel der Lichtverhältnisse Zeit und Blende den veränderten Bedingungen anpassen.*

keiten eröffnet sich ein besonders ergiebiges Feld, gleichfalls bei Veranstaltungen, wenn die Menschen von Darbietungen bzw. vom Geschehen gefesselt sind.

Blitzlichtfotos

Schlagschatten und Reflektionen vermeiden

- Personen nicht vor hellen Wänden blitzen; besser einen dunklen Hintergrund wählen.
- Vorsicht vor Reflexen: Nicht direkt auf Fensterglas, Spiegel, Ausstellungsvitrinen u.a. blitzen. Das Blitzgerät von der Kamera lösen und mittels eines Verlängerungskabels von der Seite (Winkel ca. 45°) blitzen.

Blitzen bei Tag

- Die Schatten sollten nicht „totgeblitzt", sondern nur zart aufgehellt werden. Dazu sind Vorversuche mit diversen Einstellungen nötig (auch bei eingebauten Blitzgeräten).

Hintergrund hell oder dunkel?

- Soll der Hintergrund in Dunkelheit versinken: die kürzestmögliche Blitz-Synchronisationszeit verwenden (meist 1/250 s).
- Soll der Hintergrund möglichst hell bleiben, was meist erwünscht ist (z.B. Gruppenbild): längere Verschlusszeit einstellen, also 1/60 s oder 1/30 s.

Blitzen mit Weitwinkelobjektiven

- Bei Blitzaufnahmen mit extremen Weitwinkel-Objektiven (24/20 mm) wird das Bildfeld nicht mehr voll ausgeleuchtet.
  Ergebnis: unschöne (oder gestalterisch beabsichtigte) Scheinwerferwirkung. Abhilfe schafft indirektes Blitzen (sofern möglich).

Blitzen bei Nacht im Freien

- Blitzgerät auf „manuell" stellen und die alte Blitzregel anwenden: Leitzahl geteilt durch Entfernung = Blende (Gilt nur für den Nahbereich; s.a. Kapitel „Dämmerungs- und Nachtaufnahmen").

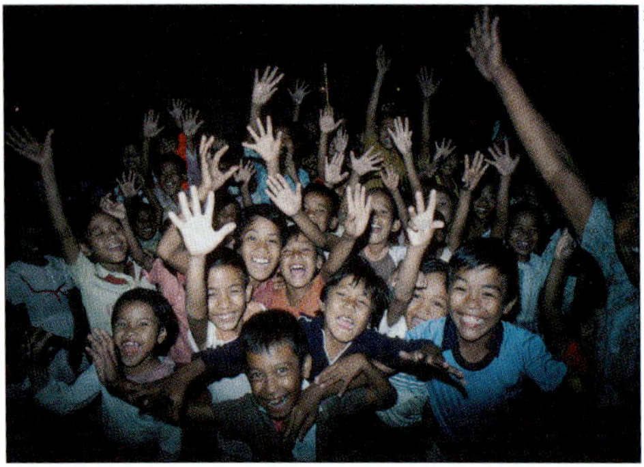

043rf Abb.: hh

Blitzbildgestaltung durch Verwendung eines 21-mm-Objektivs (dessen Bildwinkel größer ist als der Leuchtwinkel des Blitzgeräts); Indonesien

Ein Blitzgerät mit zu schwacher Leistung

- In diesem Fall kann man aus der Not eine Tugend machen und „Verwisch-Bilder" aufnehmen: Statt der üblichen Synchronzeit eine wesentlich längere Zeit, also 1/8 oder 1/4 s, einstellen. Interessant z.B. bei der Vorführung von Tänzen. Das Resultat ist allerdings Glücksache.

Rote Blitzlichtaugen vermeiden

- Nicht direkt ins Objektiv schauen.
- Von der Seite mit einem Verlängerungskabel blitzen.
- Das allgemeine Umgebungslicht erhöhen.

„Rote Augen" *entstehen durch die Reflexion des Blitzlichts auf der von Blutgefäßen durchzogenen Netzhaut.*

Wanderblitz

- Im Freien, in Hallen oder Höhlen die Kamera aufs Stativ schrauben, „B" einstellen, wenig abblenden und dann mit dem auf „manuell" geschalteten Blitzgerät in der Hand das Gelände oder den

Raum etliche Male „ausblitzen". Nicht direkt in die Kamera blitzen, besser von der Seite oder versteckt hinter Büschen, Vorsprüngen etc. hervorblitzen (sonst ist man immer selbst mit drauf).

044rf Abb.: hh

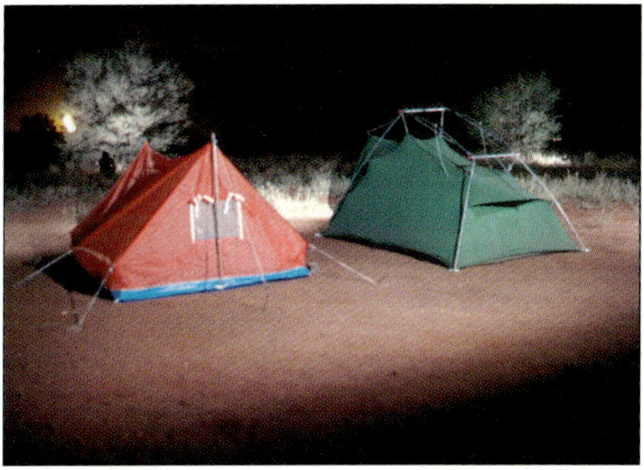

Bildbeispiel Wanderblitz (man achte auf die zwei Schatten rechts und links)

Doppelbelichtungen

Riesengroß hängt der Vollmond über der dämmernden Savanne, wuchtig steht die untergehende Sonne hinter einem Turm oder einer Palme ... Solche Bilder faszinieren durch ihren hohen Stimmungsgehalt. Wie werden solche Fotos gemacht? Die Lösung heißt „Doppelbelichtung". Alles, was man dazu braucht, sind ein paar gute Ideen und etwas Experimentierfreude. Wenn die Kamera über eine Doppelbelichtungseinrichtung verfügt, entsprechend der Gebrauchsanweisung verfahren. Ohne Einrichtung: Nach der ersten Aufnahme und vor dem Filmweitertransport den Rückspulknopf drücken. Dadurch wird beim Weitertransport nur der Verschluss gespannt, nicht aber der Film transportiert.

Schritt 1: Ich platziere z.B. den Vollmond oder den untergehenden roten Sonnenball im Sucher.

Dazu ein 200-mm-Teleobjektiv nehmen (ein Normalobjektiv würde die Himmelskörper viel zu klein wiedergeben). Bei der Belichtungszeit verlasse ich mich auf die Automatik.

Schritt 2: Nach der ersten Aufnahme die Kamera auf das zweite Motiv einrichten, diesmal ein Normal- oder Weitwinkelobjektiv verwenden. Belichtung auf das gleiche Dia und fertig.

Um gute Resultat zu sichern, wird diese Prozedur einige Mal wiederholt, wobei die Belichtungszeit der 1. und 2. Aufnahme jedesmal variiert werden sollte. Falls der Mond erst später aufgehen sollte, muss die Landschaftsaufnahme in der Dämmerung zuerst gemacht werden.

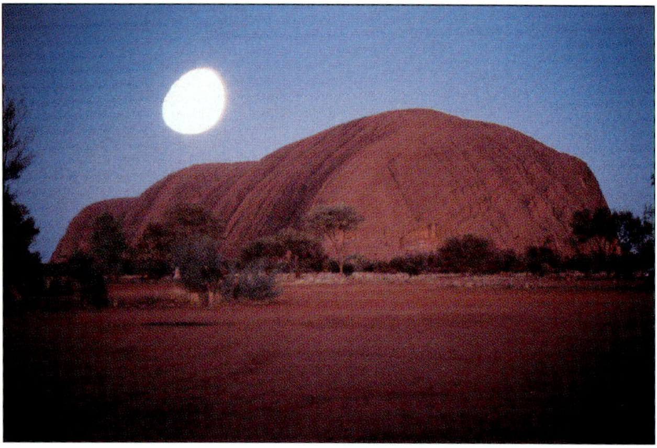

045rf Abb.: hh

Doppelbelichtung: zuerst wurde der Ayers Rock (Australien) in der Dämmerung aufgenommen (50-mm-Objektiv), später der Mond mit einem 200-mm-Tele und Konverter (= 400 mm; seine Wiedergabe ist schon fast zu groß).

046rf Abb.: hh

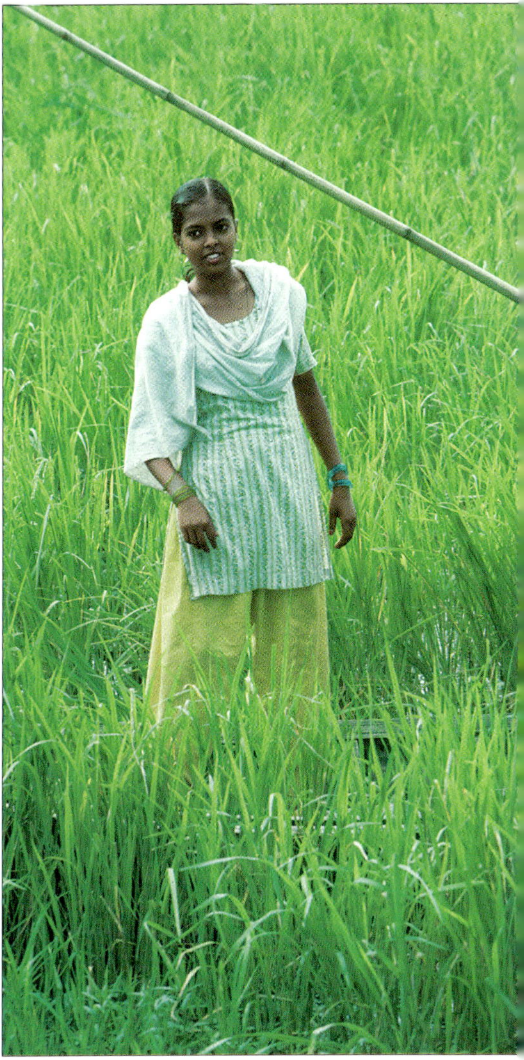

Bootspartie (Bangladesh); Tele 200 mm

Fotobereiche und Motive

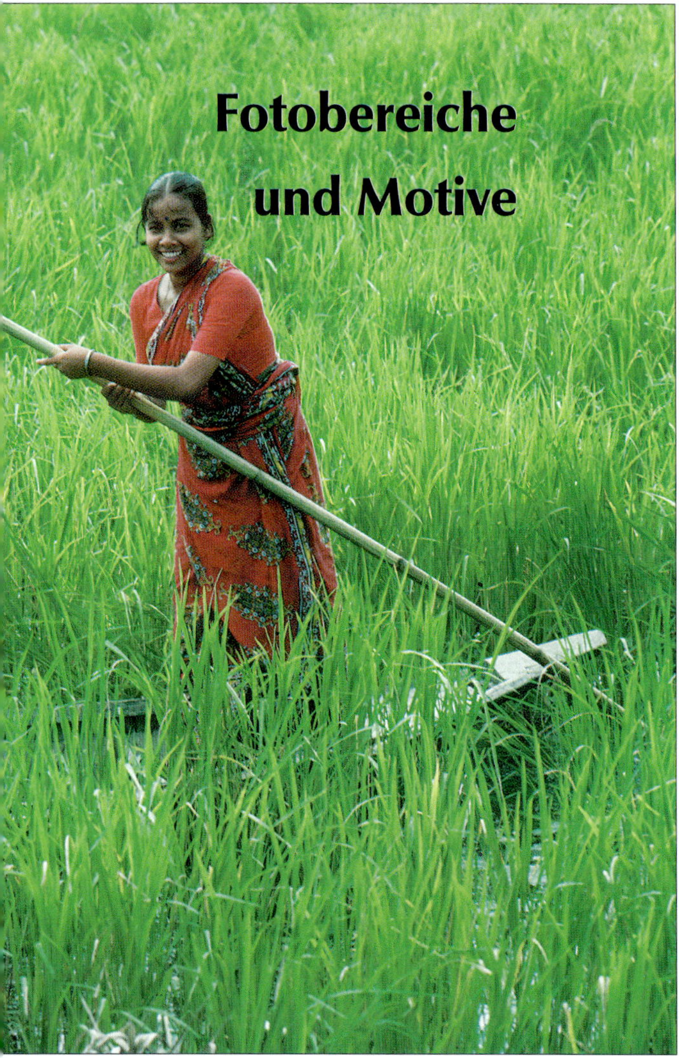

Unterwegs: Orientieren vor Fotografieren

Außerhalb des heimatlichen Kulturkreises wird man meist auch mit neuen fotografischen Herausforderungen konfrontiert. Es ist verlockend, alles Mögliche und Unmögliche zu fotografieren, jegliches scheint es wert, festgehalten zu werden. Selbst Banales kann eine enorme Anziehungskraft ausüben. Denn was man nicht kennt, wirkt anfänglich immer interessant und beeindruckend, obwohl es in den meisten Fällen weder interessant noch besonders beeindruckend ist. Dass man dann bei unkritischem Fotografieren oft die elementarsten Gestaltungsregeln außer Acht lässt, Bildaussagen und Motivkonzepte vernachlässigt, erscheint verständlich. Die Folge dieses unkontrollierten „Draufhaltens“: Jede Menge Filmverbrauch, nichtssagende Durchschnittsfotos, die später enttäuschen.

Der zunehmenden Reizüberflutung muss man seine wachen Sinne entgegensetzen. Man muss lernen, Typisches von Untypischem zu unterscheiden. Erst werden die Motive visuell bewertet, dann wer-

047rf Abb.: hh

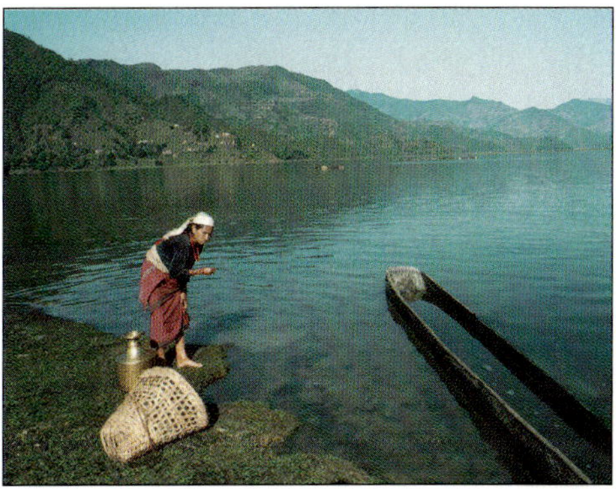

Am morgendlichen Fewa-See (Nepal); Weitwinkel 35 mm

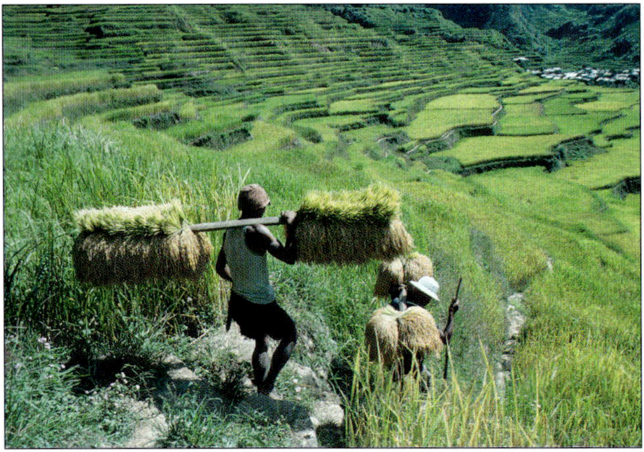

048rf Abb.: hh

den sie mit den fotografischen Absichten verbunden. Jetzt zeigt sich, wie gut die fotografische Reisevorbereitung war und ob sie bei der Ideen-Realisierung hilft.

Reis-Terrassen auf den Philippinen. (Der Träger kam hinter mir und ich ließ ihn passieren, um einen guten Vordergrund zu haben.) Weitwinkel 28 mm

! An Ort und Stelle angekommen, ist es wichtig, sich erst einen Überblick zu verschaffen. Orientieren kommt vor Fotografieren!

Bei ausreichend Zeit kann man die **Ortskenntnis von Einheimischen** nutzen. So erfährt man zum Beispiel, von welchem Turm oder Gebäude die beste Übersichtsaufnahme gemacht werden kann, wo sich versteckte Winkel befinden oder wo gerade „etwas los" ist.

Informationsmöglichkeiten bieten auch die **Tourist-Offices oder Reisebüros:** Wann und wo ein Fest oder ein Feiertag mit Parade stattfindet, was in der Umgebung lohnenswert ist und wie man am besten dort hinkommt. Auch **andere Reisende** können oft wertvolle Motiv-Tipps liefern.

Welche Motive aufnehmen?

Jeder hat einmal die Gelegenheit, außergewöhnliche Fotos machen zu können. In solchen Fällen ist das Motiv aus allen möglichen Perspektiven zu fotografieren (auch mit Belichtungsvarianten). Amateure neigen immer wieder zu dem Fehler, von einem Motiv zu wenig Aufnahmen zu machen. Für Profis ist es selbstverständlich, dass sie für ein einziges brauchbares Foto oft dutzende Male „draufdrücken", weil sie wissen, dass ein einziger Erfolg mit vielen Misserfolgen erkauft werden muss.

Gute Fotos hängen von der Geduld und der Bereitschaft vor allem auch von der vorhandenen Zeit ab. Ein zu vollgepacktes Reiseprogramm ist für kreatives Fotografieren Gift.

- Fotografie lebt von **Gegensätzen,** von visuellen Spannungsfeldern: altes Brauchtum neben moderner Lebensart, traditionelle und futuristische Baustile, frühere und jetzige Arbeitsmethoden. Das kann z.B. ein Leitthema sein: als Neuling in einem fremden Land Gegensätze erkennen. Was Einheimische als selbstverständlich ansehen, lässt uns staunen.

049rf Abb.: hh

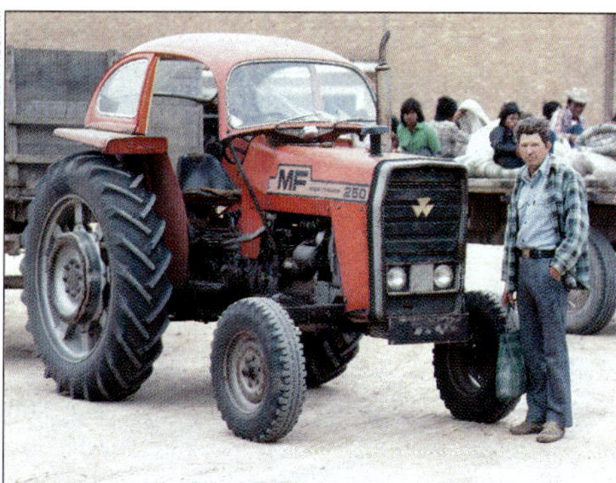

Ein originelles Motiv: „VW-Traktor" (Paraguay)

- Fotografierenswert sind auch Dinge, die es bei uns schon lange nicht mehr gibt oder die überholt sind, z.B. bestimmte handwerkliche oder bäuerliche Tätigkeiten.
- **Serien** sind eine dankbare Darstellungsform. Man könnte etwa ein schönes Motiv intensiv aus allen nur möglichen Blickwinkeln fotografieren oder sich eine bestimmte Sache vornehmen, die man auf verschiedenen Reisen immer wieder neu und anders fotografiert: Blumen und Blüten, Palmen, Verpackungen aus Naturmaterialien, Keramiken, was (in Afrika z.B.) alles auf den Köpfen balanciert wird, Wolken, Wetterstimmungen, Früchte – um nur einige Anregungen zu geben.

Schnelle „Sicherheitsaufnahme"

Langes Überlegen, Einstellen und Warten auf eine bessere Situation verschlechtern oft die Sachlage. Ist schnell ein Bild im Kasten, kann in Ruhe nochmals gestalterisch überlegt oder auf bessere (Licht)-Verhältnisse gewartet werden.

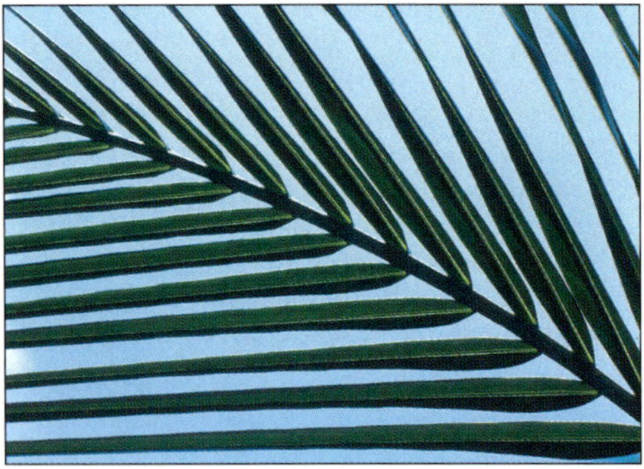

050rf Abb.: hh

Entdecke die Welt der kleinen Dinge; Tele 105 mm

- Ein anderer Vorschlag: Details sammeln! Z.B. absonderliche Verkehrszeichen, Trachten, originelles Kinderspielzeug, verrückte Werbung, schöne alte Fenster und Türen, Wand- oder Straßenmalereien, Landbriefkästen – Kleinigkeiten also, die kennzeichnend für ein bestimmtes Land sind.

- Auch auf die **typischen Farben eines Landes** achten: In England beispielsweise auf die roten Doppeldeckerbusse, die roten Telefonzellen, die roten Uniformen der königlichen Garde; in den USA auf blau-weiß-rote Stars-and-Stripes-Motive von der Flagge über Autobemalungen bis hin zu Badebekleidung. Farbserien sind sehr wirkungsvoll. Wichtig ist, sich von touristischen Schauplätzen und den offiziellen Attraktionen wegzubegeben: In Hinterhöfen, auf dem Land, in kleinen Dörfern offenbart sich erst die Seele eines Landes.

Übersichtsaufnahmen ohne Leiter

Die Kamera mit ausgestreckten Armen hochhalten, sie dabei möglichst waagerecht halten und sie schräg nach unten geneigt auslösen. Oder die Kamera auf ein ausgezogenes Stativ schrauben, den Selbstauslöser einschalten, das Stativ hochhalten und warten bis es „klickt".

Sehenswürdigkeiten *fotografiert man am besten in sogenannten „Randzeiten", in den Früh- oder Abendstunden, weil sie dann noch nicht so sehr von Menschen überlaufen sind und weil die Lichtverhältnisse wesentlich interessanter sind.*

- **Bekannte Objekte** sollte man auf neue, ungewohnte, originelle Art fotografieren: Durch ungewöhnliche Blickpunkte, mittels außergewöhnlicher Brennweiten oder zu unüblichen Tageszeiten. Gute Fotografen setzen daran ihren Ehrgeiz, während Anfänger oft nur außergewöhnliche Objekte wahrnehmen und „gewöhnlich" fotografieren ... Vor jedem Motiv sollt man sich fragen: Kann ich es nicht auch von ganz nah (mit einem Weitwinkel) oder von fern (mit dem Tele) oder sonstwie „ausgefallen" fotografieren?
- **Visuell einkreisen:** Verschiedene Aufnahmen aus unterschiedlichen Blickrichtungen machen, mit diversen Brennweiten, aus der Frosch- oder (wenn möglich) der Vogelperspektive, um dann, noch während des Fotografierens, die stärkste Komposition zu finden. Auch für einen guten Fotografen ist es kaum möglich, auf Anhieb *das* Foto zu schießen!

- **Licht:** Sich das Motiv bzw. seine Wirkung bei unterschiedlichem Tageslicht (oder gar bei Kunstlicht) vorstellen und dann in der vorteilhaftesten Lichtstimmung fotografieren. Beispielsweise jemanden fragen, ob ein Gebäude nachts angestrahlt wird und dann eine Dämmerungsaufnahme machen (s.a. Kap. „Dämmerungs- und Nachtaufnahmen").

Frühlicht nutzen
Der Arbeitstag in südlichen Ländern und in der „Dritten Welt" beginnt sehr früh. Es lohnt sich deshalb, im ersten Frühlicht auf Motivsuche zu gehen.

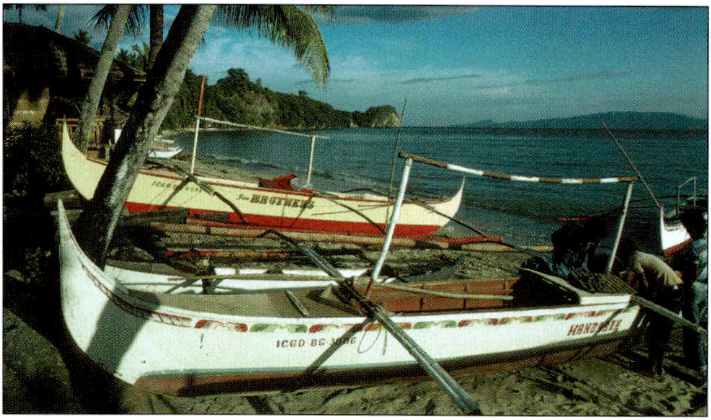

051rf Abb.: hh

Schöne Bildstimmungen ergeben sich morgens (Philippinen)

- **Auf Details konzentrieren:** In einer verwirrenden Umgebung (Märkte, Straßenleben) sollte man auf einzelne Objekte, auf Details achten. Nicht nur dem Aufnahmeobjekt, sondern auch immer seiner Umgebung das Augenmerk schenken. Störende Objekte werden durch einen tiefen oder erhöhten Standpunkt eliminiert. In eintöniger Umgebung (offene Landschaften, einsame Strände, Wüste) sollte man sich nach Details (Felsen, Bäume, Wegweiser) umsehen und diese mit einem Weitwinkelobjektiv dominierend mit ins Bild einbeziehen.

Fotografieren und Verkehrsmittel

Fotografieren aus Bussen

- An der **Schattenseite** sitzen.
- Ein guter Platz zum Fotografieren ist vorn **neben dem Fahrer**, ein noch besserer – in vielen Ländern Asiens und Afrikas –, zusammen mit anderen Passagieren **auf dem Wagendach.**
- Wenn die **Fenster** nicht geöffnet werden können, möglichst nah ran ans Glas, Spiegelungen und Schmutz werden so größtenteils unsichtbar. Besonders in heißen Ländern können gleichwohl Farbstiche entstehen, weil dort die Scheiben an Fahrzeugen zum Hitzeschutz oft grün oder braun eingefärbt sind.
- **Schräg nach vorne oder hinten fotografieren,** so wird der Vordergrund weniger verwischt.
- **Belichtungszeiten** immer möglichst sehr kurz halten, da starke Verwacklungsgefahr besteht!

Fotografieren aus Eisenbahnen

Kurven nutzen

Gute Motive ergeben sich in Kurven: Vom ersten oder letzten Wagen eine Gesamtaufnahme der Wagenkette machen.

- Das **Fenster öffnen** (sofern möglich), doch nicht in den starken Luftstrom hinausbeugen.
- Wegen der **Verwacklungsgefahr** auf Schienenstöße achten und auch auf vorbeihuschende Leitungsmasten. Mit federnden Knien schräg nach vorne oder hinten fotografieren, am besten mit einem Weitwinkel und der schnellstmöglichen Verschlusszeit.
- Von der **Plattform des letzten Wagens** kann man direkt nach hinten fotografieren.
- Ausgezeichnete Chancen für Fotos von Passagieren und für Porträts ergeben sich unterwegs **an Haltestellen** aus der Deckung des Abteils.

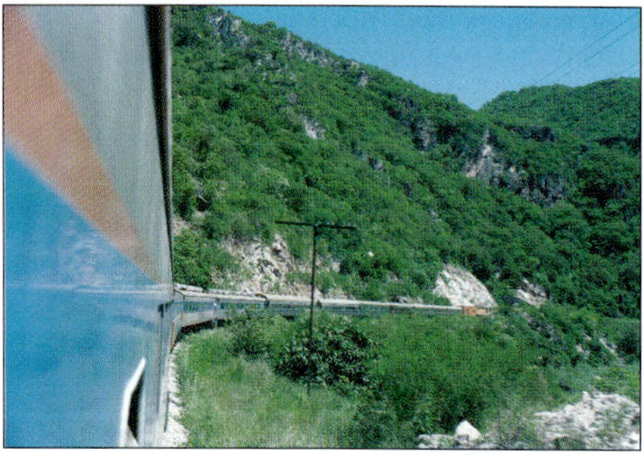

052rf Abb.: hh

Zug in Mexiko; Weitwinkel 35 mm

Fotografieren aus Flugzeugen

Im allgemeinen sind die Resultate von Luftaufnahmen eher enttäuschend, weil Dunst und Hitze (besonders über heißen Kontinenten) die Fotos verschleiern. Bessere Ergebnisse erzielt man in „kalten" Regionen oder über Hochgebirgen.

- Schon beim Einchecken einen günstigen Sitzplatz reservieren. Vorteilhaft sind **Fensterplätze vor den Tragflächen.** Man hat freie Sicht und die heißflimmernde, Unschärfen verursachende Luft hinter den Düsen wird vermieden. Die Sitzseite so wählen, dass die Kamera nicht in die Sonne gehalten werden muss.
- Vom **Cockpit** aus sind manchmal Aufnahmen möglich. Kabinenbesatzung fragen!
- Kamera möglichst dicht ans Fenster halten, doch nicht berühren (hochfrequente Vibrationen).
- **Weitwinkelobjektive** beziehen das Oval des Fensters, die Tragflächen und Düsen mit ein, was realistischer wirkt.

Postkarten abfotografieren

Drucktechnisch gute Luftbild-Postkarten können mit dem Makro-Objektiv abfotografiert werden. Solche „Luftbild-Dias" lassen sich ohne weiteres in einen Vortrag einbauen.

- Auf **waagerechten Horizont** achten.
- Die besten Bilder entstehen bei **Ab- und Anflugschleifen** aus halber Höhe, da sich durch Schräglage des Flugzeugs eine freie Sicht nach unten ergibt.
- Mit steigender Höhe verstärken sich Dunst und Verblauung. **Oberhalb der Wolkendecke** ergeben sich Gelegenheiten für schöne Stimmungsaufnahmen.
- Sehr schöne Fotos ergeben **Sonnenauf- und -untergänge.**

Mit dem Fahrrad auf Fototour

- Mit einem **Radl-Partner** kann man sich gegenseitig beim Kurbeln fotografieren. Ansonsten ein Stativ und den Selbstauslöser einsetzen.
- Abwechslung bringen auch **Perspektivwechsel:** z.B. vom Boden oder von einer Anhöhe aus.
- **Details sammeln:** Schlauch flicken, Reparaturen, Rast, Landkartenstudium.
- **Begegnung mit Einheimischen:** Jemand die voreingestellte Kamera geben und sich fotografieren lassen, wie man umringt wird.
- Starke **Steigungen** wirken nur, wenn sie diagonal durchs Bild laufen. Also von der Querseite fotografieren.
- **Schnelle Abfahrten** werden dargestellt indem die Kamera mit längerer Belichtungszeit (etwa 1/4 bis 1/8 s) mitgezogen wird (Wischeffekt).

Nah ran!

Oft wird der Fehler gemacht, Radfahrer aus zu großer Distanz abzubilden! Besser zeigt man den Schweiß, das sonnenverbrannte Gesicht in Großaufnahme. Mit dem Teleobjektiv und offener Blende (unscharfer Hintergrund) Rad und Fahrer formatfüllend aufnehmen.

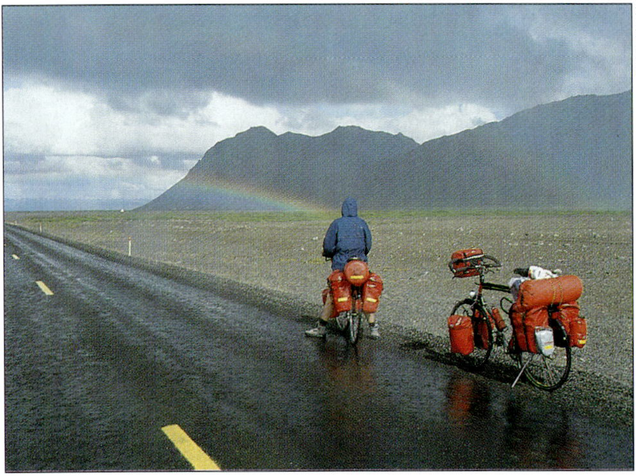

053rf Abb.: hh

Rote Farbe in grauer Landschaft (Island; Foto: Stephan Schulze)

Mit dem Kanu unterwegs

Paddelnde Fotografen haben es nicht leicht, denn jede Aufnahme erfordert einen hohen Aufwand: Kamera hervorholen, bei sich fortbewegendem „Standpunkt“ schnell abdrücken und danach alles wieder (wasserdicht) verstauen. Außerdem müssen sich Wassersportler auf viel Filmverbrauch bei wenig guten Resultaten einstellen.

- Gefährlich wird es **bei Wildwasser:** Hier sind zwei Partner vonnöten, die sich gegenseitig beim Fotografieren unterstützen.
- Wer außergewöhnliche Fotos machen will, kommt an einem **Unterwassergehäuse** für eine vorhandene Spiegelreflex oder an einer Allwetter- bzw. an einer Unterwasserkamera nicht vorbei.
- Grelle **Sonnenspiegelungen** und weiße Gischt können die Belichtungzeiten verfälschen (s.a. Kapitel „Richtig belichten kein Problem“).

Landschaftsfotografie – ein weites Feld

Die häufigsten Fehler

Landschaften sind die am meisten fotografierten Motive. Trotzdem enttäuschen sie häufig. Die **„landläufigen" Fehler** sind:

- zuviel Totalansichten und Übersichtsaufnahmen
- zuviel bedeutungsloses Beiwerk
- ungeeignetes Licht
- mangelnde gestalterische Ideen
- fehlende Größen-Vergleichsmaßstäbe.

! Nicht die genaue landschaftliche Kopie ist entscheidend, sondern die Beschränkung auf wenige Bildelemente sowie das Zusammenspiel von Licht, Farben und Formen.

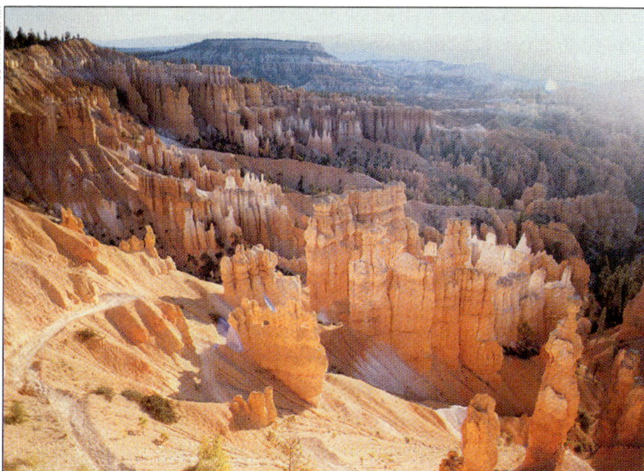

Bryce-Canyon (USA); das Rot des Gesteins wird durch die rötlichen Morgenstrahlen noch verstärkt; Weitwinkel 21 mm

Landschaftsfotografie und Licht

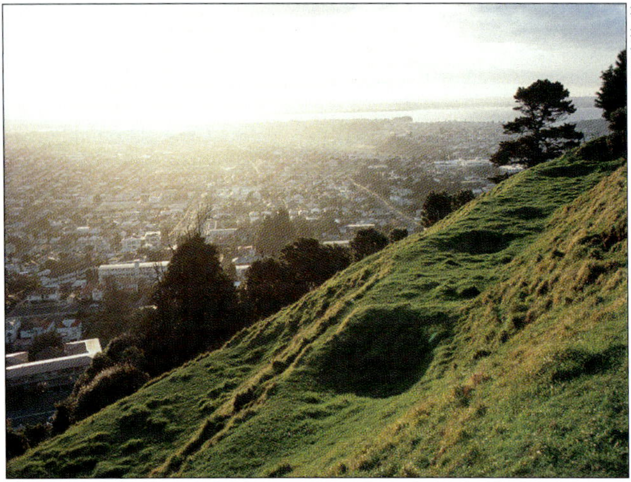

055rf Abb.: hh

Durch das Licht ist eine Landschaft von früh bis spät einem ständigen Wechsel unterzogen. „Hab' Sonne im Rücken" ist jedoch dabei so antiquiert wie das so beliebte „einrahmen" mit Baumzweigen oder Ähnlichem.

Landschaftsfotos werden besser **bei unüblicher Beleuchtung,** in Früh- und Spätstunden, bei Gegen- oder Streiflicht aufgenommen.

Noch stärkere Bildwirkungen erzielt man durch die Einbeziehung von **meteorologischen Phänomenen** wie Nebel, Dunst oder Regen. Sie bringen Atmosphäre ins Bild. Für die Charakterisierung einer Landschaft ist die Wetterlage besonders wichtig: Während beispielsweise zu einem Moor besser Nebel- oder Regenwetter passt, sind südliche Strandbilder ohne Sonne wie eine „Suppe ohne Salz".

Nach Gewittern ergeben sich oft schönste Stimmungen (Auckland, Neuseeland); Weitwinkel 35 mm

Fazit: Nicht die „schöne" Landschaft allein ist fotografierenswert, sondern schöne Lichtstimmungen in einer Landschaft.

Landschaftsfotografie und Farbe

Dunkelgelbe Weizenfelder, schneeglänzende Berggipfel, sattgrüne Almwiesen, orangefarbene Wüstendünen, leuchtend-grüne Reisfelder – noch stärker als das Licht wirken die Farben einer Landschaft.

Farbe sollte kein bunter Flickenteppich sein. Dezente **Ton-in-Ton-Kompositionen** (Pastellfarben) oder entschieden **monochrome Landschaftsfotos** (wie z.B. hellgrüne Reisfelder im Gegenlicht) übertragen am besten Stimmung und Atmosphäre auf den Betrachter.

Tiefenwirkung durch Farben

Mit Farben lassen sich auch Tiefenwirkungen erzielen: Rot, Orange und Gelb drängen nach vorne. Grün ist neutral. Blau

Fireweed (Kanada)

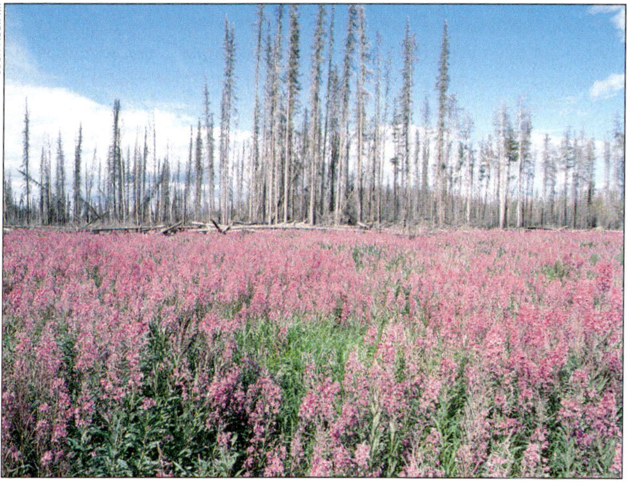

Landschaftsfotografie und Formen

- **Vorhandene Formen** in der Landschaft sollten beachtet und bewusst in die Bildkomposition miteinbezogen werden: Diagonalen, Ovale, S-Linien, Kreise. Das können Straßen, Bahnschienen, Flüsse, Täler, Felder, Seen, die Skispuren eines Abfahrtsläufers oder ähnliches sein. Teleobjektive machen z.B. aus einem leicht geschwungenen Weg eine wirkungsvolle S-Linie.
- Wer viel zeigt, zeigt meist allzuviel. Weniger ist oft mehr. Selbst Spektakuläres wirkt erst durch das Weglassen, durch die **Konzentration auf das Wesentliche.** Noch bevor man abdrückt, sollte man das Wesentliche herausgefunden haben.
- Den **Himmelsanteil** im Bild beachten: Ein Drittel, die Hälfte oder noch mehr? Schöne Wolkenformen können ein interessantes Motiv ergeben, dazu ein 24er oder 21er Weitwinkel benutzen.

Landschaften mit Teleobjektiv

Ich fotografiere Landschaften gerne mit Teleobjektiven, komprimiere sie so zu flächigen Mustern. Je länger die Brennweite, desto mehr werden Formen und Strukturen verdichtet. Geeignet dafür sind große, ruhige Flächen von erhöhtem Standpunkt, wie Felder, Wüsten, Wälder oder

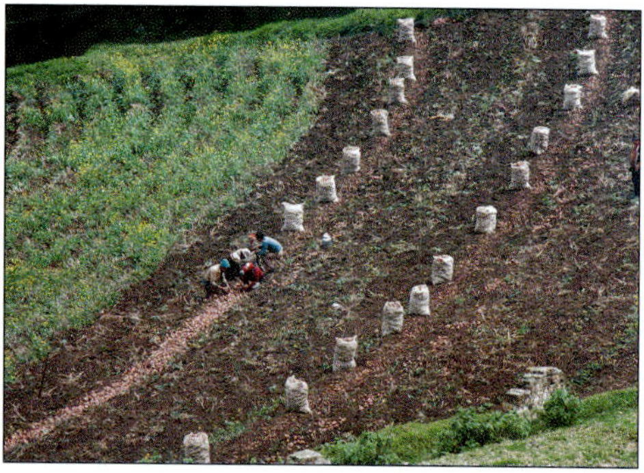
057rf Abb.: hh

Kartoffelernte in Ecuador (Tele 200 mm); das Bild gewinnt durch seine geschwungenen diagonalen Linien

058rf Abb.: hh

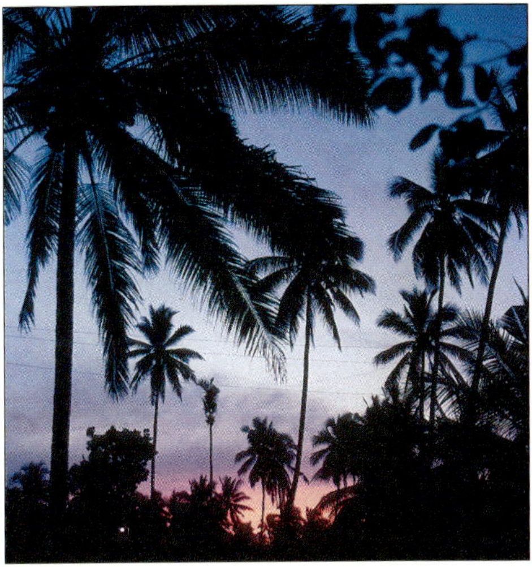

Sonnenuntergang mit Palmen (Unterbelichtung); Weitwinkel 28 mm

- Um die Ausmaße einer Landschaft oder eines Naturwunders (Berge, Wasserfall, Canyon) zu veranschaulichen, müssen Vergleichsobjekte (Menschen, Bäume, Gegenstände) als **Größenvergleich** geschickt mit ins Bild einbezogen werden.
- Eine Landschaft in der Natur wirkt durch ihre **Räumlichkeit.** In der Projektion oder auf dem Papierbild bleiben davon nur zwei Dimensionen, Breite und Höhe, übrig - ein Hauptgrund für enttäuschende Landschaftsfotos. Bei Weitwinkelaufnahmen sind deshalb Vordergrundelemente - Bäume, Felsen, Durchblicke u.a. - wichtig. Sie erzeugen „Tiefe“.
- **Bäume in der Landschaft** sind hervorragend Bildelemente: als Silhouette gegen einen roten Abendhimmel, frost- oder schneeüberzogen im Winter, gespenstisch im Nebel, als graphisches, durch ein Teleobjektiv komprimiertes Stämmemuster bei Wäldern.

Gestalterische Ideen

- **Verschiedene Aufnahmestandpunkte** probieren, öfter aus der Frosch- und Vogelperspektive fotografieren.
- Schon durch einfaches **Austauschen des Objektivs** kann der Charakter einer Landschaft wesentlich anders erscheinen.
- Mit einem **Pol-Filter** lassen sich sattere Farben erzielen.
- Den Bereich der **Schärfentiefe** überlegt festlegen. Alle Bilder immer von „vorn" bis „hinten" scharf aufgenommen ist langweilig.
- **Verlaufsfilter** (rötlich oder rotbraun) erzeugen einen eingefärbten Himmel. Doch Vorsicht – das wirkt leicht kitschig. Man kann auch zwei **Verlaufsfilter** übereinanderschrauben, einen rötlichen für die Himmelspartie und für die untere Bildhälfte einen grauen oder bläulichen (für einen See oder Wasser).

Makro-Fotografie

Landschaftsfotografie schließt auch die Abbildung des Kleinen mit ein, wie Pflanzen und Kleinlebewesen. Die Farben und Formen einer Wiesenblume, einer Orchidee, das Kunstwerk eines Spinnennetzes, das Farbenmuster eines Schmetterlings oder die Nahaufnahme eines Käfers sind Highlights in jedem Diavortrag. Eine Blume, ein Blatt und alles „Grüne" wirkt besonders schön, wenn es vom Tau oder Regen benetzt ist und im Gegenlicht

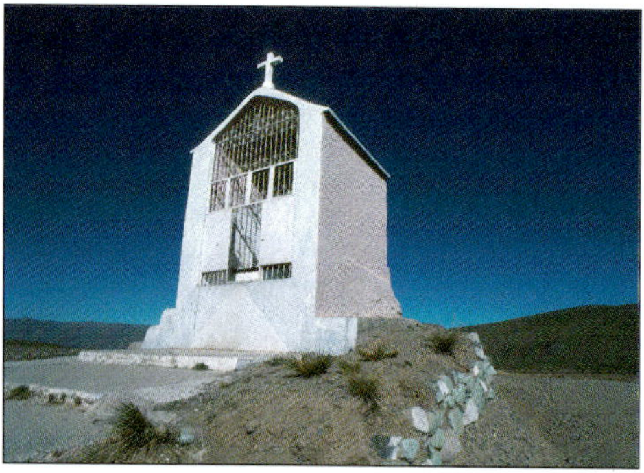

059rf Abb.: hh

Einsatz eines Polfilters (Chile); Weitwinkel 28 mm

Tipps zu Wüstenfotos

In der Wüste, in Wüstenorten (aber auch z.B. in der Tundra oder in Hochgebirgsregionen) ist Farbiges rar. Vorherrschend sind braune oder graue Farbtöne.

- *Interessante Bildwirkungen erzeugen* ***Schatten:*** *Sehr früh fotografieren, gleich nach Sonnenaufgang.*
- *Steigt die Sonne höher und wird es heiß, verlagern sich menschliche Aktivitäten in die Schattenbereiche. Es entstehen gewaltig große Kontraste zwischen* ***sonnigen und schattigen Stellen*** *– aufpassen bei der Belichtungsmessung. Schatten werden mit Blitzlicht aufgehellt.*
- ***Gegen Abend*** *ist wieder Fotozeit: Die Lichtkontraste werden schwächer, das Licht ist wärmer.*
- *In leeren Landschaften kann man die* ***Sonne*** *mit ins Bild einbeziehen. Reflexionen und Überstrahlungen symbolisieren sengende Hitze und gleißende Helligkeit.*
- *Bei Verwendung eines sehr kurzbrennweitigen Objektivs (21 mm) und Abblendung auf 22 wird die* ***Sonne als strahlender Stern*** *abgebildet (Belichtung: manuell mit flankierenden Werten). Das* ***Hitzeflimmern*** *auf Teerstraßen kann mit einem Tele-Objektiv verdichtet werden.*
- *Auf* ***Sandstrukturen*** *(Wellen) Licht- und Schattenspiele, Dünenlinien und Bodenformen (von Hitze aufgerissener Lehmboden) achten. Je unstrukturierter eine Wüste ist, desto wichtiger ist die Beleuchtung. Früh- und Spätlicht modelliert Schatten und Formen heraus.*
- *Das* ***„Nichts" fotografieren:*** *Plateaus und Ebenen. Dabei die Horizontlinie in verschiedene Bildhöhen legen.*
- ***Einsame Wegweiser*** *mit Ortsangaben sind nicht nur interessante Motive, sondern auch ideale Orientierungshilfen bei Vorträgen. Sie werden mit starkem Weitwinkel vordergrundfüllend ins Bild gesetzt.*
- *Fotos von* ***Sandstürmen und Staubnebel*** *wirken später im Druck flau und fehlerhaft, sie kommen nur in der Projektion zur Geltung.*

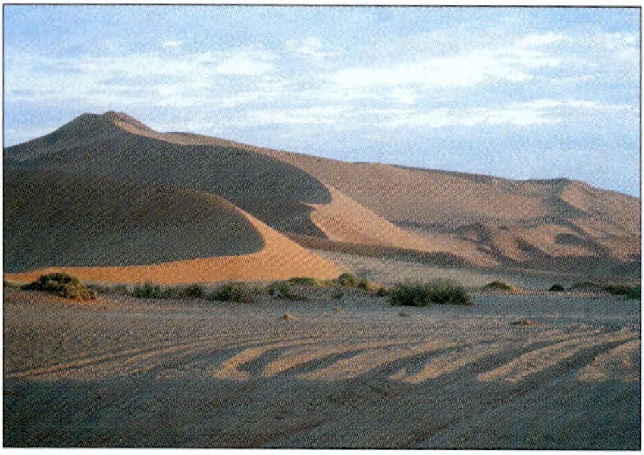

060rf Abb.: hh

In der Namib-Wüste (Namibia); Weitwinkel 35 mm

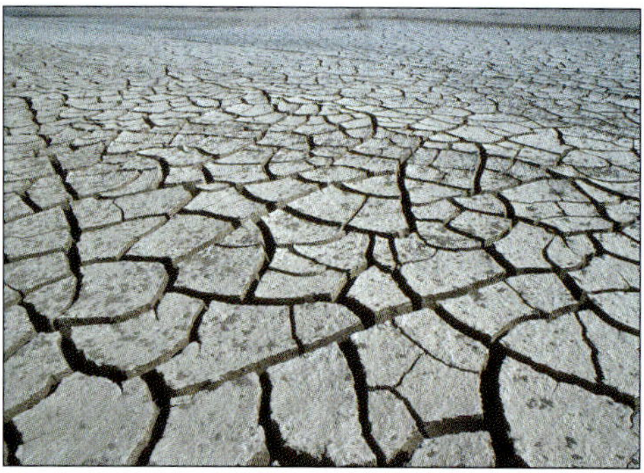

061rf Abb.: hh

Wüstenboden (Peru); Weitwinkel 24 mm

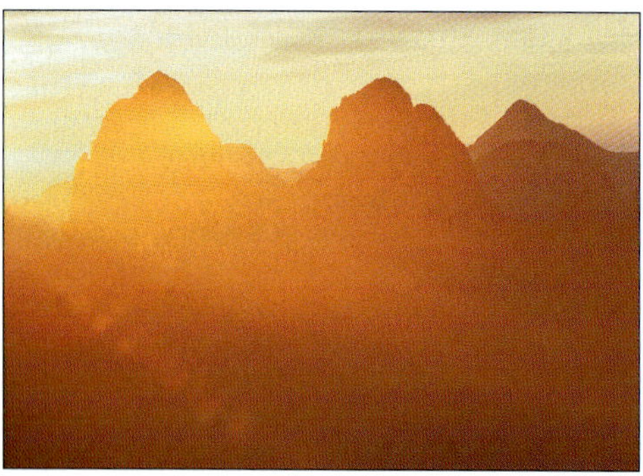

062rf Abb.: hh

Bildbeispiel Bergfoto (Hoggar, Algerien); Tele 200 mm

Tipps zu Berg- und Gebirgsfotos

- *Für Bergtouren möglichst eine* ***leichte Kamera*** *und nur ein oder zwei Objektive mitnehmen. Vorteilhaft für Kletterer sind Modelle, die sich auch einhändig bedienen lassen.*
- *Nach der Anstrengung eines Aufstiegs besteht höhere* ***Verwacklungsgefahr.***
- *Im Gebirge hat das Licht einen hohen UV-Anteil:* ***Pol-Filter*** *erzeugen einen tiefblauen Himmel und klare Fernsichten.*
- *Wegen sehr starker Verblauung sollte in großen Höhen nicht um die* ***Mittagszeit*** *fotografiert werden.*
- ***Berggipfel*** *sind meist nur morgens einige Stunden wolkenfrei – also* ***früh fotografieren!***
- ***Morgenlicht*** *(lichtender Nebel) und* ***Abendlicht*** *sorgen für Stimmungen.*
- ***Nach Gewittern und bei Föhn*** *ergeben sich beste Fernsichten.*
- *Sie können mehr als die üblichen Bilder machen, bei denen die obere Hälfte aus Himmel und die untere aus abgeschnittenen Bergketten besteht. Knorrige Baumwurzeln, windzerzauste Bäume, bunte Blumen, Hütten am Fuß der Berge stellen* ***Vergleichsmaßstäbe*** *zur Größe der Berge her.*
- ***Durchblicke*** *zwischen Felsen, Hütten oder Bäumen schaffen Tiefe.* ***Diagonale Komponenten*** *(Wege, umgestürzte Bäume, himmelwärts ragende Felsen) einbeziehen.*
- *Mit Tele-Objektiven* ***Bergspitzen „raffen“,*** *auf interessante Staffelungen achten.*
- *Ein beliebtes Motiv sind sich* ***in Bergseen spiegelnde Bergspitzen.***
- ***Steilheit darstellen:*** *Nur Fotos, bei denen die Bergflanken diagonal durchs Bild laufen, vermitteln Höhe und Gefahr. Wer Berge nur aufwärts oder abwärts fotografiert, wird von den Resultaten enttäuscht sein.*

Fotos von Menschen

Grundsätze

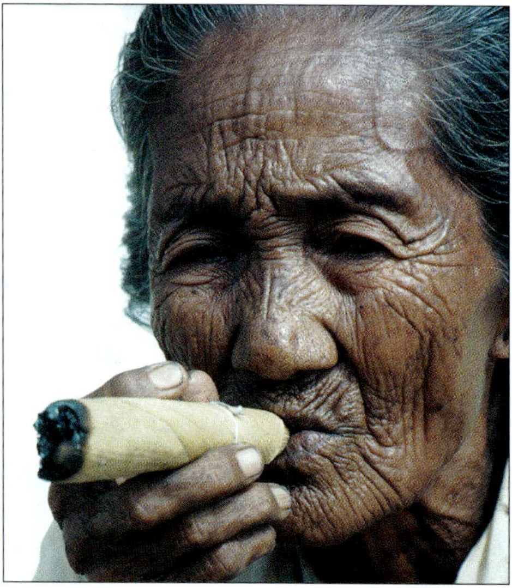

063rf Abb.: hh

Burmesin; Tele 105 mm

Menschen zu fotografieren, gute Porträts zu machen, das ist nicht einfach. Für natürlich-charakteristische Fotos von Menschen anderer Kulturkreise sind zuallererst **Höflichkeit und Einfühlungsvermögen** vonnöten, und ein wenig Wissen aus der Verhaltenspsychologie ist dabei wertvoller als Kamera-Technikfetischismus.

Ein Weg zu guten Fotos führt zuerst über das **Gespräch.** Wenn sprachliche Verständigung nicht möglich ist, sollte man andeuten, was man möchte. Ein kurzer **Blickkontakt** kann gleichfalls verraten, ob es gestattet ist, ein Bild zu machen. Es gibt viele Menschen, die sich sehr gerne fotografieren lassen, es geradezu lieben, auserwähltes Motiv zu sein.

! Die besten Fotos sind immer noch diejenigen, die auf Harmonie beruhen. Absagen und Abwehrhaltungen sollten respektiert werden, zumal ungefragtes oder verbotenes Fotografieren in bestimmten Situationen als aggressiver oder gar bedrohlicher Akt verstanden werden kann (siehe Kapitel „Fotografierverbote und Einschränkungen“).

Natürliche und entspannte Porträts

Wie erreicht man entspannte Portäts angesichts eines starrenden Glasauges, vor dem fast jeder Mensch seine Ungezwungenheit und Natürlichkeit verliert? Eine wichtige Voraussetzung dafür ist, dass man auf den anderen Menschen offen zugeht. Jemanden herumzudirigieren bringt ganz selten gute Resultate.

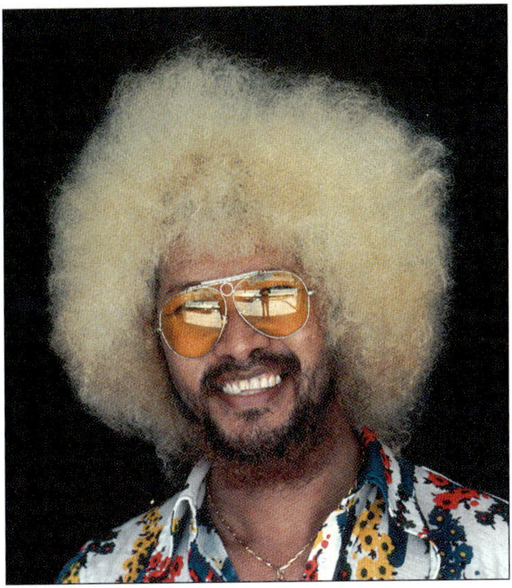

064rf Abb.: hh

Wollige Zeiten (Indonesien); Tele 105 mm

- Zum Fotografieren **allein oder zu zweit sein.** Nur so kann man unauffällig auftreten.
- **Zeit lassen.** Wer immer nur im Laufschritt fotografiert, wird nie zu guten Resultaten kommen. Gute Bildchancen eröffnen sich oft mehr beim Warten an einer günstigen Stelle als bei dauerndem Umhergehen. Treffpunkte sind Märkte und Marktplätze, Parks, Brunnen, öffentliche Gebäude, Tempel und andere Stellen mehr.
- Sich in fremden Kulturen **zunächst Kindern zuwenden** und mit ihnen fotografische Erfahrungen sammeln.
- **Augenkontakt aufnehmen** (In islamischen Ländern sollten das Frauen Männern gegenüber jedoch nicht tun). Mit Körpersprache, Freundlichkeit und Gesten die Reaktion auf die Fotografierabsicht testen.
- In der **Landessprache** den Satz parat haben, mit dem man um Erlaubnis für ein Foto bittet.
- Bevor ich mit meiner Kamera auf einen fremden Menschen losgehe, sollte ich ihm **Zeit geben, mich betrachten zu können.** Lächeln und einige Worte helfen, die innere Abwehrhaltung meines Gegenübers abzubauen. Zeit und Geduld bewirken vieles, Überrumpelung oder gar sofortiges Geldanbieten nichts.
- **Nicht herausfordernd auftreten.** Ist das Modell bereit, sich fotografieren zu lassen, sollte erst einmal auf dessen Wünsche eingegangen werden. Auch theatralische Posen wie z.B. steife Familien- oder Gruppenfotos sind im Grunde typisch. Nach einigen „Aufwärmfotos" ist die Situation entspannter, und die ursprüngliche Bildidee lässt sich weiterverfolgen.
- **Nahezu beiläufig fotografieren:** Aus einem Gespräch heraus, ohne lange Vorbereitungen. Die Kamera muss voreingestellt sein, das Auslösen ist die Angelegenheit von Sekunden.

- Gute, natürliche Porträts gelingen beispielsweise, wenn sich Ihr Reisepartner (oder ein Dolmetscher) mit ihrem Fotomodell unterhält und es so **von der Kamera ablenkt.**
- Einen gelösten Gesichtausdruck fängt man mit dem sog. **„Nachschuss"** ein, wenn das Modell nach dem ersten Auslösen „befreit" aufatmet.
- Fast alle Fotografen sagen **„bitte lächeln"** – doch vormachen tun es wenige.
- Nach dem Fotografieren ist es höflich, sich kurz zu **bedanken** (und zu lächeln).
- **Details fotografieren:** Die schwieligen Hände eines Bauern, die kunstvoll geflochtenen Zöpfe eines Mädchens oder die zerschundenen Füße eines Afrikaners können mehr aussagen als Ganzkörperaufnahmen.

Ausdrucksstarke Porträts

065rf Abb.: hh

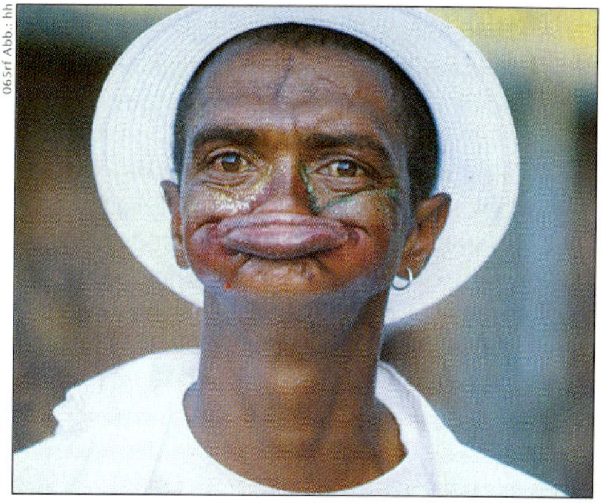

Zirkusreif: mit den Lippen Vogel Strauß nachahmen ... (Südafrika); Tele 105 mm

Ein gutes Porträtfoto sollte nicht nur technisch perfekt sein, sondern vor allen Dingen auch eine Stimmung vermitteln, **das Wesen des Abgebildeten** zei-

Technische Hinweise für Porträts und Personenbilder

- ***Brennweite 100 bis 200 mm*** *benutzen, sofern keine besondere Bildidee mit einem Weitwinkelobjektiv umgesetzt werden soll.*
- *Eventuell* ***knappe Teilausschnitte*** *des Gesichts wählen. Abwägen, was am besten wirkt: Frontalaufnahme, halb seitlich oder im Profil.*
- ***Auf die Augen scharfstellen.*** *Der direkte Blick in die Kamera wirkt faszinierend; durch die Augen spricht die Persönlichkeit.*
- ***Blende wenig schließen,*** *damit sich der Hintergrund in Unschärfe auflöst. Dabei in Blickrichtung noch Raum lassen.*
- *Immer auf den* ***Hintergrund*** *achten. Wirkungsvoll sind „kühle", neutrale Farben. Ideal sind dunkle oder schwarze Hintergründe, während der Kopf noch im Licht ist.*
- ***Vor einer Sehenswürdigkeit*** *ist eine Nahaufnahme mit Kopf und Schultern attraktiver als das übliche langweilige Aufstellen davor. Ein Weitwinkelobjektiv hält die Sehenswürdigkeit klein im Hintergrund.*
- ***Schlagschatten*** *unter Augen und Nase oder zu harte Lichtkontraste zerstören die Bildstimmung. Senkrechtes oder steil einfallendes Mittagslicht und harte Schatten vermeiden. Diffuses, weiches Licht ist am vorteilhaftesten. Dazu ggf. offene schattige Stellen aufsuchen. Aber Vorsicht unter Bäumen – dort herrscht grünstichiges, fleckiges Licht.*
- ***Gegenlicht*** *idealisiert, bringt die Haare zum Leuchten, ist perfekt für Frauenporträts.*
- *Mit* ***Makro-Objektiv*** *aufgenommene Details wirken besonders schön: Schmuckstücke, Tätowierungen, Kopfbedeckungen, Ohrschmuck, afrikanische Kraushaar-Frisuren u.a.m.*

▶ *Thai-Kinder*

gen: Würde und Traurigkeit, Not und Zufriedenheit, Fröhlichkeit oder Gläubigkeit.

Günstige Motive ergeben sich, wenn man Menschen bei der Ausübung ihres Handwerks oder **am Arbeitsplatz** fotografiert. Durch seine Arbeit und seine Arbeitsprodukte ist ein Mensch oft besser zu charakterisieren als durch eine losgelöste Porträtaufnahme.

Sehr ausdrucksstarke Porträts lassen sich aufnehmen, wenn Menschen **von einem Vorgang gefesselt** sind: im Stadion, bei Festen, Open-air-Veranstaltungen etc. Dabei ist es wichtig, im richtigen Moment die Reaktionen bzw. die Gesichtsausdrücke des Publikums zu fotografieren.

Mädchen (Argentinien); gut für Porträts ist weiches Licht. Das Tele-Objektiv 105 mm mit geringer Abblendung löst den Hintergrund in Unschärfe auf.

Kinderbilder

066rf Abb.: hh

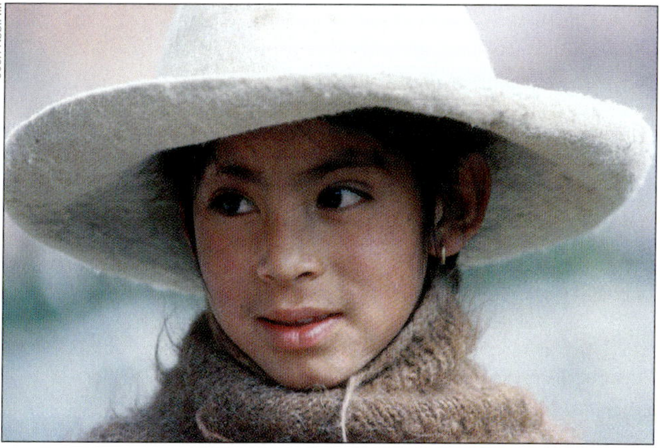

Kinder folgen selten fotografischen Anweisungen und lassen sich kaum in Posen drängen. Sie reagieren spontan, und deshalb muss man ebenso schnell mit der Kamera sein. Lässt man sie spielen und be-

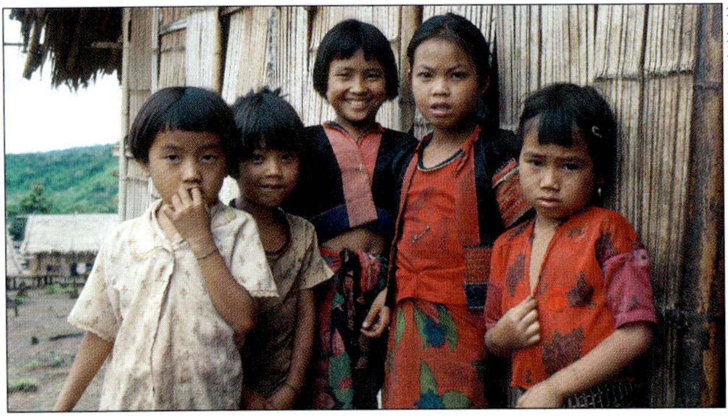

067rf Abb.: hh

obachtet sie eine Zeit lang (mit Teleobjektiv), haben sie die Kamera schnell vergessen.

- Mit dem Objektiv **auf Augenhöhe** runtergehen und die Kinder sucherfüllend abbilden.
- Auch bei Kindern sprechen **Details** für sich: die kleinen Hände, die Augen, das Gesicht.

Kindergruppen
Fotos mehrerer Kindern wirken gelungen, wenn sie zusammen herumtollen, lustige Spiele machen oder in Gemeinschaft sind, wie z.B. in der Schulpause, in Kindergärten oder bei Gruppenspielen.

Mit dem Auto unterwegs

Bei einer Autofahrt fährt der Partner in motivträchtigen Landschaften separat und man fotografiert das Fahrzeug in bildwirksamen Situationen: bei einer Flußdurchquerung, an Abgründen entlang , mit einer Staubfahne etc. Wer alleine reist, muss ein Stativ einsetzen oder andere ums Fotografieren bitten.

Nicht einfach ist es, auch noch unter Höchstanstrengungen und bei Müdigkeit zu fotografieren (Expeditionsreisen). Doch an Fotos, die unter besonderen Umständen entstanden sind, wird man lange Freude haben.

In Städten und Dörfern

Auf Fototour durch die Stadt

Städte interessant zu fotografieren verlangt mehr als nur banal Straßen und Gebäude abzulichten. Es gilt, die Atmosphäre einzufangen – die Hektik der Großstadt, das Verschlafene eines Provinznestes, die Multinationalität einer Welt-Metropole usw. Deshalb lohnt es kaum, immer wieder die bekannten Sehenswürdigkeiten einer Stadt zu nachzufotografieren. Besser konzentriert man sich auf **Details und Charakteristisches** und fotografiert **Zeugnisse der Kultur und Geschichte:** in arabischen Städten beispielsweise die Lehmarchitektur, in mittelalterlichen Städten Türen und Torbogen, in New York die Graffitis an U-Bahnen ...

Riskante Viertel

In Gegenden, wo das Fotografieren absolut nicht gerne gesehen wird (Slums, Elendsviertel) sind Taxifahrten oft die einzige Möglichkeit, zu Fotos zu kommen. In schwierigem Umfeld sollte man im Hotel oder im Tourist-Office um einen Führer bitten, der ggf. auch dolmetschen kann – ein kleines Honorar zahlt sich aus.

Großstädte umfassend zu fotografieren ist selten möglich und schnell ermüdend. Als Alternative könnte man **nach folgendem Plan verfahren:**

- Erste Bildideen holt man sich von Postkarten, aus Bildbänden und Prospekten. Letztere sind zwar meist nicht gerade kreativ fotografiert, doch Hinweise auf fotografisch interessante Motive verschaffen sie dennoch.
- Auf dieser Grundlage werden die sehenswerten Punkte auf dem Stadtplan eingetragen.
- Es folgen Überlegungen, bei welchem Licht bzw. zu welcher Tageszeit sie sich am besten fotografieren lassen. Bei Bauwerken wirken Dämmerungs- oder Nachtaufnahmen oft besser. Wichtig ist herausfinden, ob sie vielleicht abends angestrahlt werden. Übersichtsaufnahmen von Tür-

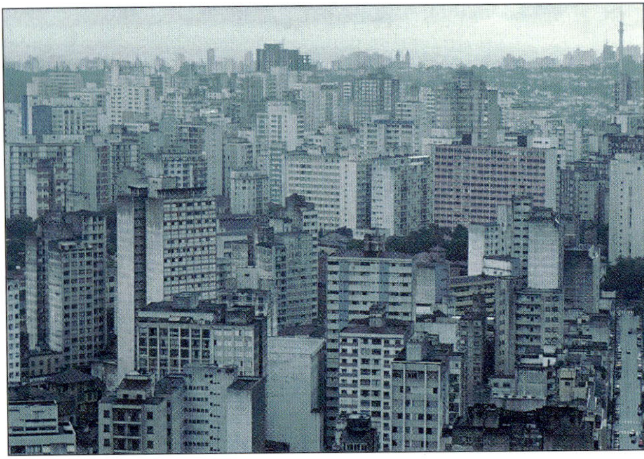

068rf Abb.: hh

Grau-in-Grau: Beton-Gebirge São Paulo; Tele 200 mm

men, Hochhäusern und von Aussichtspunkten macht man am besten zur frühen oder späten Tageszeit.

- „Motivträchtige" Punkte werden zu Fuß angesteuert: Märkte, Altstadt, Hafen, Bahnhof ...
- Es lohnt sich, ab und zu nach oben zu schauen: blumengeschmückte schmiedeeiserne Balkone, Reklametafeln, Fenster, Durchblicke u.a. sind gleichfalls schöne Motive.
- Auch Spiegelungen/Reflektionen in Schaufensstern ergeben attraktive Fotos.

Steht wenig Zeit zur Verfügung, muss gezielter vorgegangen werden: Beispielsweise kann man eine Rundfahrt mit einem Stadtbus unternehmen. Doppeldeckerbusse eignen sich dazu hervorragend. In asiatischen Städten kann man das oft auch mit einer Fahrradrikscha machen. Eine Fotofahrt mit einem Fahrrad ist eine sehr gute Idee.

Bei Hochhäusern und Wolkenkratzern werden **„stürzende Linien"** vermieden, indem man einen

höheren Standpunkt einnimmt, beispielsweise im Gebäude gegenüber. Andererseits können „Stürzende Linien“ bewusst betont werden: Mit Weitwinkel ganz nahe an das Objekt herantreten und schräg nach oben fotografieren.

Für schöne **Überblend-Effekte** bei Diashows wird das Stadtpanorama am Tag und in der Dämmerung fotografiert. Reste von Tageslicht mit den Lichtern der Stadt sind sehr stimmungsvoll. Man richtet den Ausschnitt nach markanten Punkten aus (z.B. Hochhäusern), macht morgens oder tagsüber die ersten Aufnahmen und kehrt dann bei Beginn der Dämmerung nochmals zurück. Die Kamera wieder auf die gemerkten Punkte fixieren und fotografieren. Unbedingt eine Belichtungsreihe machen!

In Dörfern

In Dörfern ist Fotografieren wesentlich unproblematischer. Motive sind die Menschen, das dörfliche Leben, Handwerker, Händler, Bauern, das Treiben am Fluss. Wenn möglich, sollte man ein Fahrrad ausleihen. So kommt man schnell herum und stößt dabei auf beste Motive.

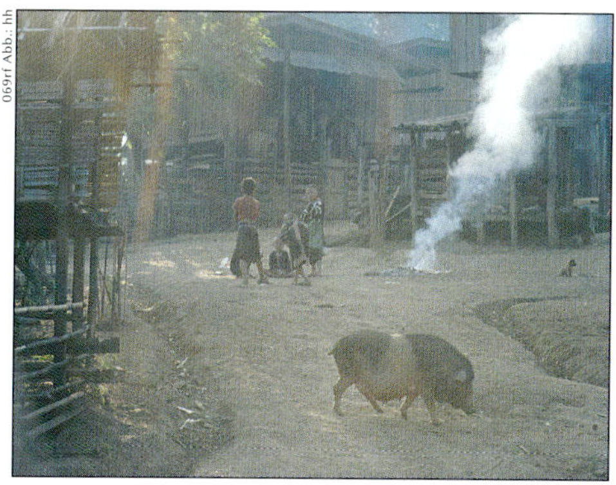

069rf Abb.: hh

Dörfliche Frühstimmung mit Feuerrauch im Gegenlicht (Thailand); Zoom 80–200 mm

Märkte

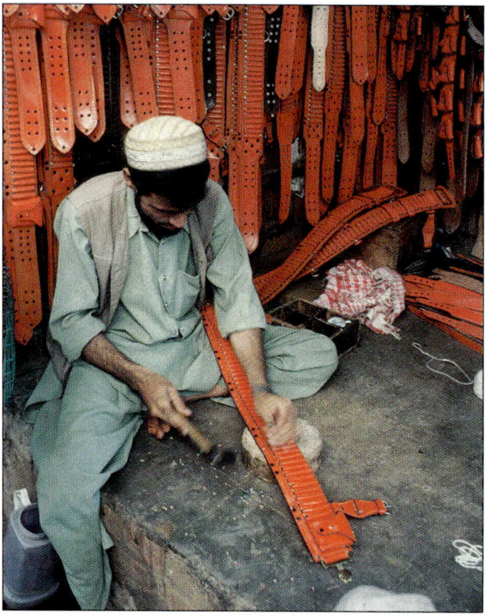

070rf Abb.: hh

Handwerker im Bazaar (Pakistan); das Bild wirkt durch seine wenigen Farben; Weitwinkel 35 mm

Märkte sind wohl die beste Gelegenheit für Fotos: Vieh- und Flohmärkte, Stadt- und Dorfmärkte, Markthallen, historische Märkte, Fischmärkte, Fruchtmärkte, Nachtmärkte, arabische, afrikanische, asiatische Märkte ... sie sind voll mit Dingen, Menschen und Farben. Wohin man auch reist – es ist ein Muss, den Markttag herauszufinden und **so früh wie möglich** da zu sein: So hat man bestes Licht und mehr Ruhe.

An **Motiven** bieten sich: Früchte, Gewürze, Tiere, Stoffe, handwerkliche Produkte usw. Einmal als Übersichtsaufnahme, dann im Detail. Händler und Marktfrauen sind oft Originale und auch gewohnt, fotografiert zu werden.

In Museen, Kirchen und Palästen

In repräsentativen öffentlichen Gebäuden ist das Fotografieren schwierig, weil es manchmal nicht erlaubt ist (kein Blitz, kein Stativ) oder zu düster oder zu eng ist. Wer diskret, leise und schnell ist, kann dennoch oft Aufnahmen machen. Zur Geräuschverminderung zuvor den Spiegel an der Spiegelreflex hochklappen, sofern möglich. Meist sind aber lange Verschlusszeiten erforderlich und damit ein Stativ.

Deckengemälde fotografieren

Die Kamera wird mit der Rückseite auf den Boden gelegt und der Selbstauslöser in Gang gesetzt. Das Resultat ist Glücksache.

- Wenn Blitzen erlaubt ist, kann die im Kapitel „Blitzlichtfotos – Anregungen und Tipps" beschriebene **„Wanderblitzmethode"** ausprobiert werden.
- Ansonsten können Details vom Gebäudeinnern (Gemälde, Skulpturen, Glasfenster, Ausstellungsstücke etc.) **mit interessanten Außenansichten kombiniert** werden.
- **Durchblicke** (Fenster, Torbögen, Türen) sindgleichfalls attraktive Motive.
- Wegen der **„stürzenden Linien"** mit Weitwinkel-Objektiven sollte in Kirchen von einem erhöhten Standpunkt fotografiert werden. Die Empore ist dazu ein sehr guter Platz.
- Ideal für Architekturaufnahmen ist **Streiflicht,** dadurch werden Strukturen, Mauersteine oder Steinmetzarbeiten betont und herausmodelliert.
- In den meisten hinduistischen, buddhistischen oder chinesischen **Tempeln** ist Fotografieren oft eher möglich als in christlichen Kirchen. Trotzdem ist rücksichtsvolles Verhalten angebracht.

Feste und Veranstaltungen

Feste, landestypische Aktivitäten, Sport-, Tanz und andere Veranstaltungen, Theateraufführungen, Karneval, handwerkliche oder künstlerische Herstellungsprozesse – überall wo etwas abläuft oder „los" ist, bieten sich beste Motivchancen. Fotos von Festen sind sehr oft die Höhepunkte einer Reise oder eines gelungenen Dia-Vortrags. Sie setzen die Kontraste zu den zwar schönen, jedoch statisch wirkenden Landschafts- oder Städtefotos.

Kleine Fotoreportagen

Von Festen lassen sich oft Reportagen machen. Ob das nun ein Elefantenrennen ist, ob man Goldsucher besucht, eine abenteuerliche Zugfahrt oder eine Bergbesteigung dokumentiert oder zeigt, wie ein altes Handwerk ausgeübt wird, wichtig ist: viele Fotos machen, damit man später eine große Auswahl für die Darstellung eines solchen Themas besitzt.

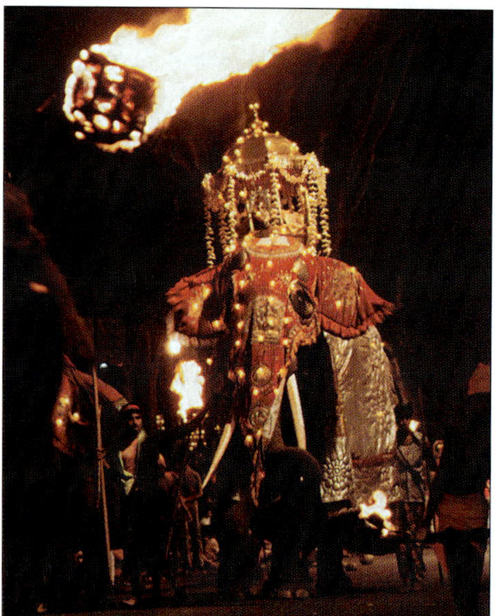

071rf Abb.: hh

Nächtliches Elefantenfest (Sri Lanka); Tele 105 mm und 400-ISO-Film

- Bei Festen sollte man sich vorher **über den Ablauf informieren,** das Programm studieren (z.B. Route des Festzugs). Man könnte auch zuvor einen einheimischen Fotografen kontaktieren und sich von ihm Tipps geben lassen.
- Interessante Fotos ergeben sich bei den **Festvorbereitungen,** beim Anlegen der Kostüme sowie beim Schminken. An häufigen Objektivwechsel, oftmalig veränderte Standpunkte und verschiedene Blickwinkel denken.
- **Umzugsgruppen** lassen sich gut von einem erhöhten Standpunkt an Innenkurven fotografieren.
- **Porträts der Teilnehmer** und Details fotografiert man schon bei der Aufstellung des Zuges.

Am und unter Wasser

Fotografieren unter Wasser

Beim Reisen wird es meist beim Gelegenheitsschnorcheln oder beim Tauchen in geringen Tiefen bleiben, und dafür reicht eine wasserfeste Kompaktkamera oder ein beschränkt tauchtaugliches Modell allemal aus. Eine Spiegelreflex wird am besten in einen EWA-Marine-Beutel gepackt und ein Weitwinkel-Objektiv angesetzt.

- Wegen der Taucherbrille kann man nicht mehr in den Sucher blicken - einfach Motiv anpeilen und abdrücken. Und **nah heranschwimmen** - sonst entstehen flaue, verblaute Dias. Unterwasserobjekte wie Korallen, Wasserpflanzen, Mittaucher oder Fische am besten zwischen zwei und drei Metern Entfernung fotografieren.
- Günstiges **Tauch- und Fotolicht** ergibt sich bei hohem Sonnenstand. Für Tauchtiefen von mehr als etwa zwei Metern wird Blitzlicht oder ein hochempfindlicher Film nötig.

- Steil- und Felsenküsten sowie Inseln sind ergiebigere **Fotoreviere** als Sandstrände. Die allerschönsten Tauch- bzw. Fotoplätze befinden sich an tropischen Korallenriffen.

Am Meer, an Seen und Flüssen

Auch außerhalb des Wassers gibt es viele lohnenswerte Motive. Bei Bootsfahrten z.B. das Spiel der Wellen, das Bug- und Gischtwasser, glitzernd bei Gegenlicht.

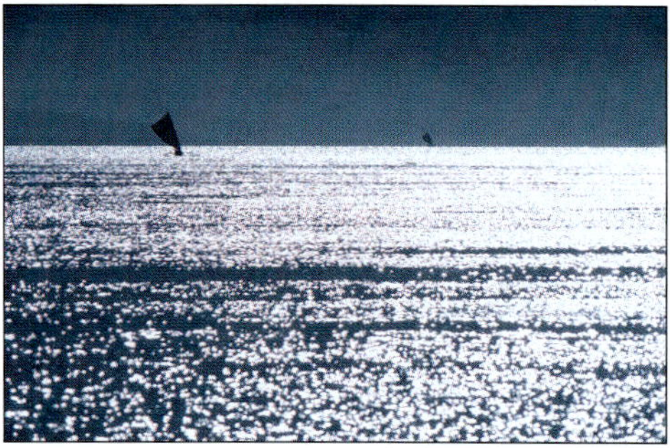

072rf Abb.: hh

Gegenlicht am Meer; das 400-mm-Tele erzeugt einen silbernen Strahlenteppich

- Wegen des Sandes am Strand sollte die **Kamera in einen Plastikbeutel** gepackt werden.
- Zum **Fotografieren von Gischt** in Nahaufnahme belässt man die Kamera im Plastikbeutel und schneidet nur vorn um das (filtergeschützte) Objektiv eine Öffnung.
- **Wasseroberflächen** ändern je nach Tageszeit und Beleuchtung ständig ihre Färbung. Sehr gute Bildwirkungen entstehen, wenn sich die Himmelsfarbe im Wasser reflektiert. Pol-Filter un-

Fließendes Wasser fotografieren

Wasserfälle oder Bachwasser kann man mit langen Zeiten (ca. 1/4 bis 1/2 s) fotografieren. Dann wird aus dem stürzenden bzw. fließenden Wasser ein zusammenhängender, weicher Wasserteppich - sehr effektvoll!

terdrücken die Wasserreflexe und beeinflussen die Wiedergabe der Wasserfarbe.

- **Spiegelungen** von Booten, Bootsmasten und andere Spiegelungen können entweder mit in das Bild einbezogen werden (tiefer Kamerastandpunkt), oder das Spiegelbild selbst wird allein fotografiert.
- Immer auf einen **waagerechten Wasser-Horizont** achten.
- Nicht vergessen, auch einmal **vom Meer zum Strand** hin fotografieren.
- Schöne **Fisch- und Fischermotive** ergeben sich, wenn morgens die Boote vom Fang zurückkehren.
- Mit dem Makro-Objektiv **Details aufspüren:** Muscheln (im Streiflicht!), Krebse, Boots-Namen, Fischernetze, Treibholz (die Maserungen) oder anderes Strandgut.
- Bei extrem **grellweißen Stränden** tendieren Belichtungsmesser zur Unterbelichtung! Deshalb länger belichten als gemessen!

Dämmerungs- und Nachtaufnahmen

Dämmerungsaufnahmen

In Dämmerungszeiten entstehen Bilder, die sich durch ihre Atmosphäre und Farben wohltuend von den üblichen Tages- und Blitzlichtaufnahmen abheben. „Gewöhnliches" wird im Dämmerungslicht „außergewöhnlich". Doch solchen Aufnahmen kann man kaum mit festen „Rezepten" beikommen. Gefragt ist Experimentierlust.

Generell sollte man viel mehr im **Zwielicht,** bei Mischungen von Tages- und Kunstlicht, fotografieren: Es entstehen Bildstimmungen, die man vorher

kaum vorausahnt. Neonlicht wird zum Beispiel grünlich wiedergegeben. Nicht die Motive sind bei Dämmerungs- und Nachtaufnahmen entscheidend, sondern die erzielte Atmosphäre!

Interessante Motive: nächtliche Straßenszenen, kerzenbeleuchtete Hütten, Kneipen, Lagerfeuer, Nachtmärkte, beleuchtete Bazar-Gassen, Weihnachtsmärkte, Rummelplätze, Sonnenuntergänge (s.u.) usw. Da die Dämmerung in südlichen Breiten sehr kurz sein kann, sollte man den Aufnahmeort früh festlegen.

Blitzen in der Dämmerung

Außergewöhnliche Stimmungsbilder erzielt man mit der Kombination von schwachem Dämmerungslicht (es darf nicht zu dunkel sein!) und hellem Blitzlicht: Kamera auf ein Stativ stellen und dabei den Vordergrund (Baum, Felsen, Pflanzen) anblitzen. Das ergibt zauberhafte Farbverschiebungen Das Blitzgerät kann bei einer Langzeitbelichtung auch von der Kamera abgenommen und manuell ausgelöst werden.

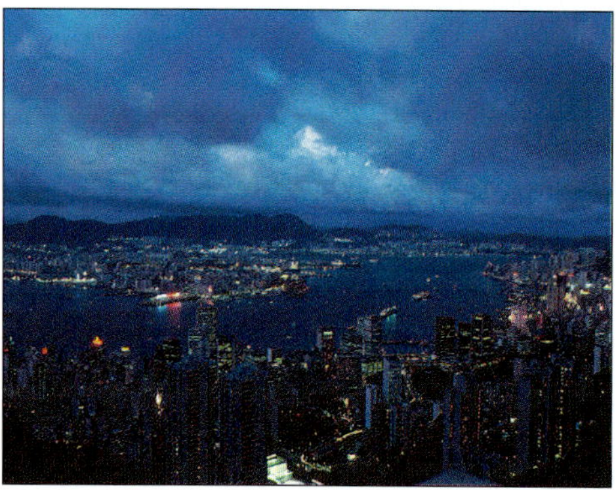

073rf Abb.: hh

Bei Dämmerungsaufnahmen immer Belichtungsreihen machen (Hongkong); Weitwinkel 35 mm

Technische Hinweise

- Voraussetzung für **Freihandaufnahmen:** Ein lichtstarkes 50er oder ein Weitwinkel-Objektiv und/oder ein High-Speed-Diafilm (ISO 400 bis 3200).
- Keinen Kunstlicht-, sondern normalen **Tageslichtfilm** verwenden oder einen normalempfindlichen Diafilm mit Stativunterstützung.

- **Belichtung:** Flächen mit mittlerer Helligkeit anmessen. Dann vom Ausgangswert mit ganzen Blenden- bzw. Zeitstufen länger belichten (Belichtungsreihe).

Nachtaufnahmen

„Nachtaufnahmen" macht man vorzugsweise nicht in dunkler Nacht, sondern gleichfalls noch im Dämmerungslicht, wenn sich restliches Tageslicht und warm-gelbes Kunstlicht mischen.

Motive vom Stativ: Nächtliche Stadtansichten, beleuchtete Denkmäler, Ruinen und Monumente, angestrahlte Wasserfontänen, fahrende Autos (rote Rücklichter, als Lichtstreifen wiedergegeben, sind attraktiver als weiße Scheinwerferstreifen), belebte Straßenzüge mit Leuchtreklamen usw.

Technische Hinweise

- Auch Nachtaufnahmen werden mit einem **Tageslichtfilm** gemacht.
- **Belichtung:** Mit eingeschalteter Belichtungsautomatik und geringer Abblendung (4,0 oder 5,6) erste Aufnahme vornehmen. Die Sekunden der Belichtungszeit mitzählen. Anschließend weitere Belichtungen mit doppelter, drei- und vierfacher Zeit vom Basiswert machen. Belichtungen im Sekundenbereich sind unkritisch, auf ein paar mehr oder weniger kommt es nicht an.
- Plötzlich im Bild auftauchende **unerwünschte Objekte,** wie Personen, Fahrzeuge oder Lichtquellen, können eliminiert werden, indem das Objektiv für die Zeit der Störung zugehalten wird.

Sonnenuntergänge, Mond, Blitze und Feuerwerk

Sonnenuntergänge

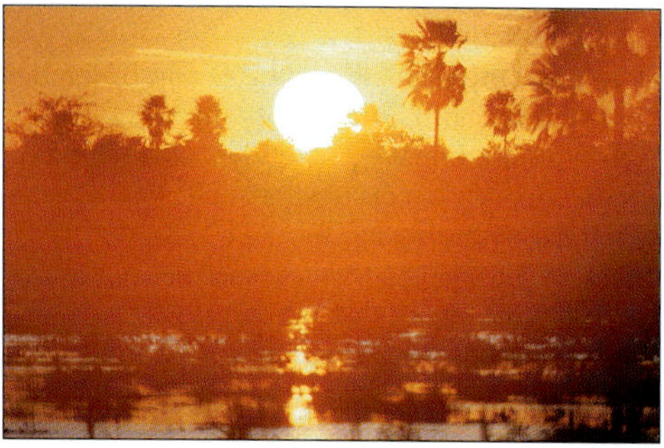

074rf Abb.: hh

Wenn sich die Sonne beim Untergang spiegelt, wird ihre feurige Wirkung verstärkt (Paraguay); Tele 200 mm mit 2x Konverter

Sonnenuntergänge verfehlen in einem Diavortrag als Schlussbilder selten ihre Wirkung, sie sind immer wieder aufs Neue fotogen. Damit solche Bilder gelingen, muss man rechtzeitig seinen Standpunkt bestimmen und aufnahmebereit sein, denn in Äquatornähe „fällt" die Sonne förmlich nach unten. Die **entscheidende Phase** ist gekommen, wenn man ungeblendet in den rotglühenden Sonnenball sehen kann! Dann bleibt nur kurze Zeit für ein paar Aufnahmen. Wartet man länger, werden die Farben stumpf, und die runde Sonne flacht an der Unterkante ab.

- Sehr eindrucksvoll sind Bilder, in denen sich die Sonnenkugel **im Wasser, im Schnee o.ä. spiegelt.** Ein leicht erhöhter Stand-

Sonnenuntergänge richtig belichten

Die Belichtungszeit hundertprozentig genau zu bestimmen ist nicht möglich. Nur eine Belichtungsreihe ermöglicht später, die ideale Aufnahme auszuwählen. Meine Messmethode: Ich messe nicht direkt die Sonne an, sondern seitlich den Himmel davon (manuell). Von diesem Basiswert ausgehend werden weitere Aufnahmen um ein, zwei und drei Stufen knapper belichtet, also unterbelichtet.

punkt ist dazu vorteilhaft. Bei einem sehr tiefen Standpunkt und Verwendung eines starken Tele-Objektivs werden die Reflexionsstrahlen auf dem Wasser zu einem Feuerteppich gerafft. Wirkungsvoll ist auch die Einbeziehung markanter Vordergrundsilhouetten, wie Palmen, Kakteen, Personen, Bäume, Schiffsmasten u.a.

- Nur **Tele-Objektive** ab etwa 200 mm bilden die Sonne groß ab. Gut brauchbar sind Konverter. Objektivfilter sind wegen Reflexen abzunehmen.
- Verdecken Wolken die untergehende Sonne, kann nach ihrem Untergang mit den feurigsten Farbstimmungen gerechnet werden, sobald die **Wolken von unten angestrahlt** werden. Es lohnt, diese Nachglühphase abzuwarten und noch einige Aufnahmen dranzuhängen!

075rf Abb.: hh

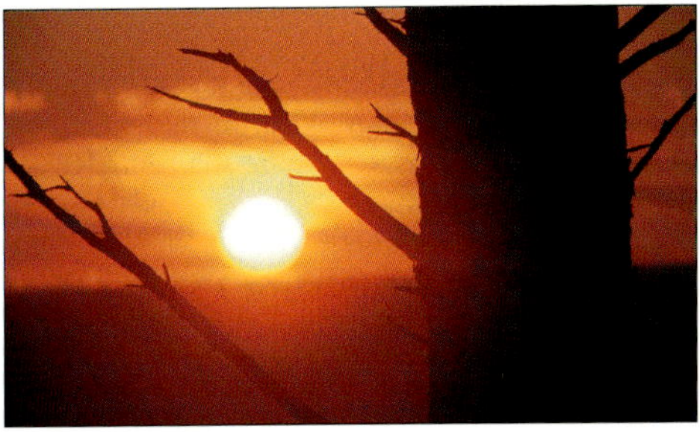

Stellt man auf einen Vordergrund scharf, vergrößert sich die Sonne; Tele 200 mm

Mondaufnahmen

Ein bei Dämmerung aufsteigender Vollmond kann gewaltig groß sein. Diese Chance ist sofort zu nutzen, denn mit steigender Höhe wird der Erdtrabant wieder kleiner.

- Bäume, Äste, Palmwedel o.ä. können als (unscharfe) **Vordergrundelemente** einbezogen werden. Wirkungsvoll werden Mondaufnahmen erst mit Tele-Objektiven ab etwa 200 mm Brennweite.

- **Belichtungszeiten** für den Vollmond sind relativ kurz (ca. 1/30 Sekunde). Vom ersten, automatisch gemessenen Wert ausgehend, sollte eine Belichtungsreihe gemacht werden.
- Vollmonde vor nachtschwarzem Himmel lassen sich in **Überblendtechnik** sehr gut mit düsteren Bergbildern, Landschaften oder Dämmerungsaufnahmen kombinieren. Weitere Bildideen mit dem Mond siehe unter „Doppelbelichtungen“.

Landschaften im Vollmondlicht

Auch Landschaften im Vollmondlicht können recht reizvolle Bilder ergeben. Die Belichtungszeit beträgt dann je nach Mondhelligkeit 5 bis 15 Minuten. Doch dabei darf man den Mond nicht mit ins Bild bringen, da er wandert und auf dem Bild eine „Gurke“ würde.

Blitze

Tropengewitter sind für die Aufnahmen von bizarren Blitzen besonders ergiebig. Allerdings bringen nur Nachtaufnahmen Erfolg. Es gilt, sich rechtzeitig nach einem erhöhtem Standpunkt umzuschauen und die Kamera aufs Stativ zu montieren.

- Die **Objektivbrennweite** wird nach der Größe des Himmelsbereichs gewählt, in dem die Blitze niedergehen (Weitwinkel).
- **Nicht oder kaum abblenden,** Verschluss auf „B“. Nun kann man Blitze „sammeln“, der Zufall wird Regie führen.
- Bei **Fremdlichteinfall** von Häusern, Straßen, Autos werden Dunkelphasen durch Abdecken des Objektivs, z.B. mit Karton überbrückt.

Feuerwerke

Auf die gleiche Art wie Blitze fotografiert man Feuerwerke. Mit den ersten hochsteigenden Raketen wird der Bildausschnitt eingerichtet. Fotografiert wird bei mittlerer Abblendung.

- Vorsicht vor **Überstrahlungen,** und nicht zu viele Raketen „sammeln".
- **Spiegelungen** im Wasser sind sehr wirkungsvoll.
- Durch **„Zoomen"** von Feuerwerksfontänen erzielt man experimentelle Bilder.

Fotografieren bei „schlechtem" Wetter

Regen, Nebel, Stürme, Schnee, Hitzeflimmern - es gibt kein schlechtes Fotowetter, höchstens ein unbequemes. In „unfreundlichem" Wetter ist das **Licht anders** - düster, sanft, fahl, verklärend -, wobei sich ganz neue fotografische Chancen für außergewöhnliche Bilder ergeben. So ist an „grauen" Tagen das Licht weich - eine gute Möglichkeit für Nahaufnahmen. Schlechtwetter-Stimmungen sind schon deshalb faszinierend, weil es genug „schöne" Fotos bei „schönem" Wetter gibt.

Regen und Gewitter

Um Regenstimmungen zu erzeugen, ist das Regentypische mit einzubeziehen: Regenschirme, Spiege-

076rf Abb.: hh

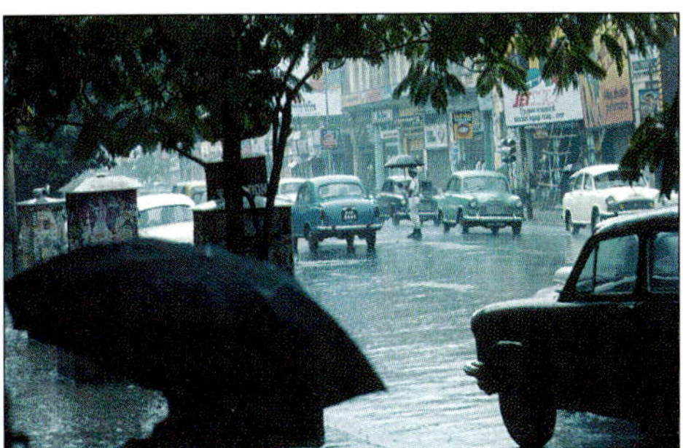

Regen in Kalkuttas Straßen; Tele 105 mm

lungen in Pfützen, Sturzbäche in den Straßen, niederprasselnder Regen, Regenbogen, Wassertropfen auf Pflanzen, spiegelnde Reklameleuchtschriften auf nächtlichen nassen Straßen usw. **Nach Regen** ist die Luft meist glasklar, ideal für Landschaftsaufnahmen.

- **Regen selbst fotografiert** man vor einem dunklen Hintergrund mit einer relativ langen Belichtungszeit, die Regentropfen werden so als Striche abgebildet.
- Tolle Motive ergeben sich bei **Wolkenbrüchen in den Tropen** (Monsunregen).
- **Dunkle Regenwolken** wirken unglaublich dramatisch, wenn man sie mit einem Verlaufsfilter (blau, braun, violett) zusätzlich „einfärbt".
- Bei **aufziehendem Gewitter** verfärbt sich der Himmel zu unheimlichen, fahlen Farben (besonders in den Tropen), während die Landschaft noch im Sonnenschein liegt. Dann sind dramatische Bildeffekte zu erwarten.
- Schönste Momente ergeben sich, wenn **nach einem Gewitter** erste Lichtstrahlen wieder durch noch dunkle Wolkenwände dringen und einzelne Landschaftsteile hell aufleuchten.
- Mit etwas Glück erscheint dann auch ein **Regenbogen**. Seine Farben leuchten mit einem Pol-Filter intensiver.

Sturm und Wind

Sturm und Wind können nicht direkt, sondern nur in ihren Auswirkungen fotografiert werden. Indikatoren und Motive sind: zerzauste Bäume, wehendes Haar, fliegende Schals, Fahnen, geblähte Segel, gepeitschte Äste, geduckte Menschen, aufgewirbelter Staub, fliegendes Laub usw.

Verwacklungsfrei bei Sturm

Bei dunklen Lichtverhältnissen und Sturmböen sind Stative nutzlos. Deshalb einen windfreien Standort suchen, z.B. einen Hauseingang, eine Hütte oder aus einem Fenster oder dergleichen fotografieren.

Nebel und Dunst

Nebel und Dunst soften Farben ab. Sie erzeugen weiche, friedvolle, gar romantische Bildstimmungen. Nebelstellen sind Flußniederungen, Moore, Seen, Strände und feuchtheiße (Tropen-)Regionen.

- Der **Nebel wird verstärkt,** indem man ein Tele-Objektiv verwendet und zusätzlich die Linse anhaucht.
- Nur wenig oder gar nicht abblenden.
- Da es sehr wenige Kontraste gibt, besteht **Gefahr der Unterbelichtung** – also länger belichten als gemessen bzw. Belichtungsreihen machen.
- Im **Gegenlicht** (aufsteigende Sonne) beginnt Nebel zu leuchten.

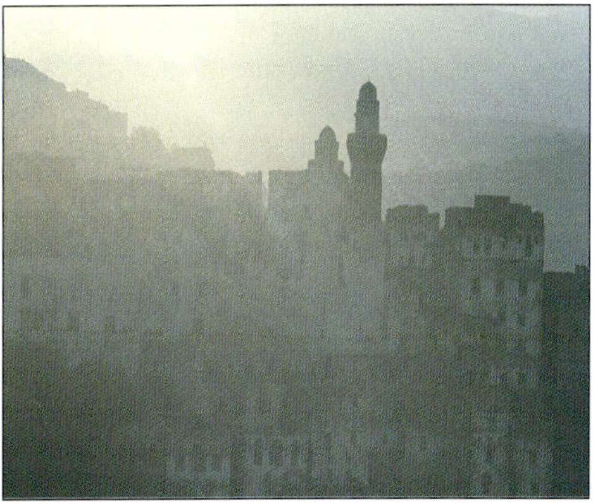

Orientalische Nebelstimmung (Jemen); Zoom 80-200 mm

077rf Abb.: hh

Keine Angst, in Richtung Sonne zu fotografieren; die Belichtung vorher manuell festlegen (Argentinien, Perito-Moreno-Gletscher); Weitwinkel 21 mm

Schnee und Eis

Interessante **Motive** können sein: aufstiebender Schnee im Gegenlicht, Schneekristalle, Raureif auf Ästen und Zäunen, kleine schneebedeckte Details. Schnee und Eis ohne Sonne wirken wie Gips, deshalb sind **sonnige Stunden** vorzuziehen.

- Bei **Gegenlicht,** frühmorgens oder am Abend, ergeben sich die besten Lichtstimmungen.
- In **Schattenpartien** entsteht starke Verblauung durch Reflexion des blauen Himmelslichts, besonders in großen Höhen und um die Mittagszeit. Ein kräftig verblautes Schneebild kann aber ebenso phantastisch wirken.
- Stimmungsvolle Momente mit zarten Pastelltönen sind **abends** möglich, wenn sich die letzten roten Sonnenstrahlen mit dem restlichen Tageslicht mischen.
- Um **Schneefall wiederzugeben**, muss mit langer Belichtungszeit und vor dunklem Hintergrund fotografiert werden.
- **Angeblitze Schneeflocken** reflektieren einen Großteil des Lichts. Deshalb die Blitzautomatik abstellen und eine Belichtungsreihe machen.

Bei Schnee richtig belichten

Aufnahmen von Schnee und Eis sind belichtungsmäßig Grenzsituationen. Es sollte länger belichtet werden als gemessen. Wenn dunkle Objekte in hellem Schnee stehen, muss eine Nahmessung vorgenommen werden. Außerdem empfiehlt sich, wie gesagt, Belichtungsreihen zu machen.

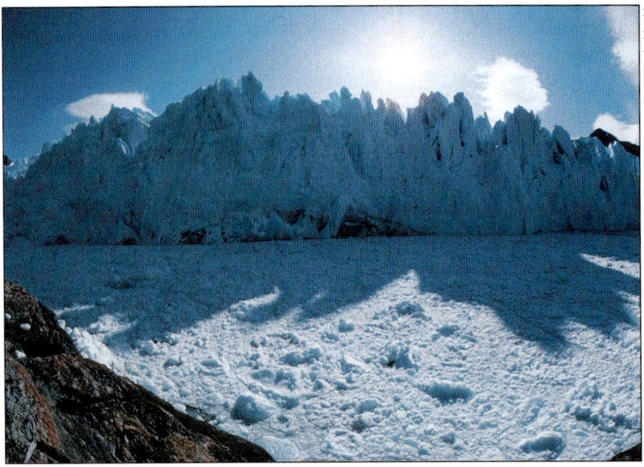

078rf Abb.: hh

Natur- und Tierfotografie

Heimische Tierfotografie

Tierfotografie erfordert viel Geduld und Zeit. Lichtstarke Teleobjektive und ein gutes Stativ sind Grundvoraussetzungen. Ohne tieferes Verständnis für die Tiere und die Natur werden jedoch keine aussagestarken Fotos gelingen.

Tierschutz

Wer bei uns durch Fotografieren Tiere an Nist- und Brutplätzen stört, macht sich strafbar. Bei besonders gefährdeten Tierarten sollte man aufs Fotografieren ganz verzichten. Informieren kann man sich bei der „Gesellschaft Deutscher Tierfotografen" (GDT; Infomaterial). Der Verein organisiert auch ein alljährliches Naturfoto-Festival mit Seminaren. GDT-Geschäftsstelle, Florian Möllers, Tel. (0541) 6855122, Fax 6855123.

- Das **Ansitzen,** also das Warten auf ein Tier, setzt genaue Kenntnisse des Wildwechsels und der Wildgewohnheiten voraus. Beim leisen Anpirschen – natürlich gegen den Wind – wird jede Deckung ausgenutzt. Zu vermeiden sind chromblitzende Kameras oder Stative. Dunkle Kleidung ist vorteilhaft. Spezialisten verwenden Tarnzelte.
- **Erfolgsversprechend** sind frühmorgendliche Stunden oder die Zeit vor der Abenddämmerung.
- Wer **Kleintiere im Nahbereich** aufnehmen möchte, benötigt (Tele-) Makro-Objektive, Balgengeräte oder Zwischenringe.

Magazin-Tipp
„Naturfoto", Tecklenborg Verlag, 48565 Steinfurt

Fotosafaris in Afrika und anderswo

Tiere in freier Wildbahn lassen sich nicht vor die Kamera dirigieren. Entweder werden sie sich kaum zeigen oder sie sind so gefährlich, dass man es nicht wagen kann, sich ihnen frei zu nähern. Für gute Resultate muss man die Lebensweise und die Gewohnheiten der Tiere verstehen. In erster Linie kommen bei der Tierfotografie Tele- und Supertele-Objektive mit Autofokus zum Einsatz.

Beste Jahreszeit zum Fotografieren ist nicht die Regenzeit und sind auch nicht die Monate danach, wenn alles grün zugewuchert ist, sondern ist die Trockenzeit, denn dann sind Busch und Steppen verdorrt und braun, und man sieht die Tiere viel eher. In Parks kommen sie dann auch an Tümpel und künstliche Wasserstellen, wo man sie aus nächster Nähe fotografieren kann.

Alternative Tierpark

Die meisten Tiere, die man unterwegs fotografieren bzw. sehen möchte, findet man auch in landeseigenen Zoos (tropische Zoos sind manchmal wunderschön angelegt). Dort kommt man viel schneller zu formatfüllenden Nahaufnahmen von Tieren. Gitter, Zäune und unpassende Hintergründe eliminiert man mit einem langen Tele und offener Blende oder mit „Schüssen" aus der Froschperspektive.

Beste Fotozeit ist morgens – frühmorgens! Die Luft ist noch klar, die Tiere sind unterwegs zur Tränke oder auf Fresssuche. Mittags führt die Flimmerhitze zu Unschärfen, und die meisten Tiere liegen dösend irgendwo unsichtbar im Busch.

Eine **Fotosafari im Geländewagen** steht und fällt auch mit dem Wissen des Fahrers. Versierte kennen das Verhalten der Tiere und haben ein Gespür, welche Tierart wann und wo etwa anzutreffen ist.

Fotobereiche, Motive

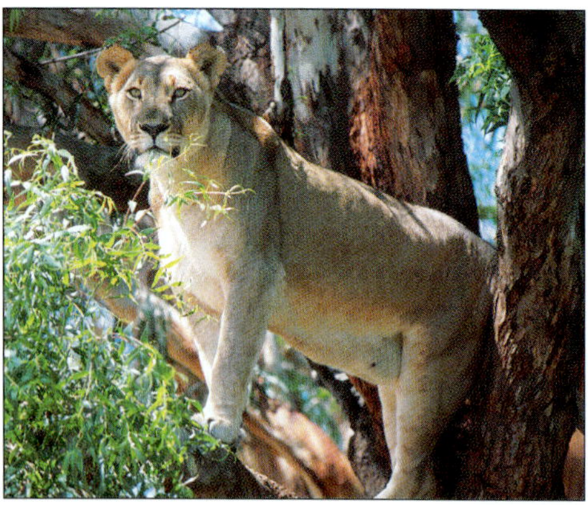

079rf Abb.: hh

Aug' in Aug' ... (Südafrika); Zoom 80–200 mm

Man sollte sich jedoch keine großen Hoffnungen auf gute Resultate machen, für ein Superbild benötigen Tierfotoprofis oft Monate!

Technische Hinweise

- Da die meisten freilebenden Tiere ausgesprochen scheu sind, ist das Arbeiten mit langen **Autofokus-Teleobjektiven** zwischen 200 und 800 mm unerlässlich. Einen Konverter zur Brennweitenverdoppelung einsetzen.
- Ein **Zweitgehäuse** mit höherempfindlichem Film ist gleichfalls von Vorteil.
- Mit normalen Stativen kann man im Auto nicht viel anfangen, **Fensterklemm- und Kleinstative** sind zweckmäßiger, besonders beim Fotografieren aus dem offenen Wagendach.
- Motor vor dem Fotografieren abstellen, sonst besteht Verwacklungsgefahr.
- Filter und Streulichtblenden schützen die Objektive vor Pistenstaub und schräg einfallendem Vorderlicht. In Aufnahmepausen ein Tuch über die Ausrüstung legen.

Fotografische Tipps

Der **Filmverbrauch und die Ausschussquote** bei Fotosafaris sind enorm hoch. Anfänglich wird nämlich jedes Tier, und wenn es noch so unscheinbar und viel zu weit weg ist, fotografiert. Im Verlauf der Safari entdeckt man dann immer wieder noch nähere oder noch größere Tiergruppen mit noch schöneren Posen. Und fotografiert und fotografiert ... Also empfiehlt es sich abzuwarten, bis sich attraktive Situationen ergeben: gähnende Löwen, startende Flamingos, galoppierende Gnus, Giraffen, wie sie mit ausgespreizten Füßen trinken, staubschleudernde oder rüsselschwingende Elefanten.

- Die Tiere dürfen keinesfalls durch Zurufe oder Hupen erschreckt werden! **Fluchtdistanzen beach-**

ten! Werden sie unterschritten, flüchten die Tiere – oder greifen an!

- **Intensionsbewegungen** sind Signale für zu erwartende Abläufe: Vögel knicken vor dem Abflug ihre Beine ein, afrikanische Warzenschweine stellen kurz vor (und bei) der Flucht ihren Schwanz in die Höhe. Überraschte – möglicherweise zum Angriff entschlossene – Elefanten führen typische Pendelbewegungen mit ihren Rüsseln aus.
- **Flüchtende oder rennende Tiere** werden durch „Mitziehen" scharf oder „verwischt" wiedergegeben (s. Kapitel „Bewegungen festhalten").
- **Großaufnahmen** gelingen meist an Wasserstellen, in eingerichteten Kleingehegen oder an Futterstellen.

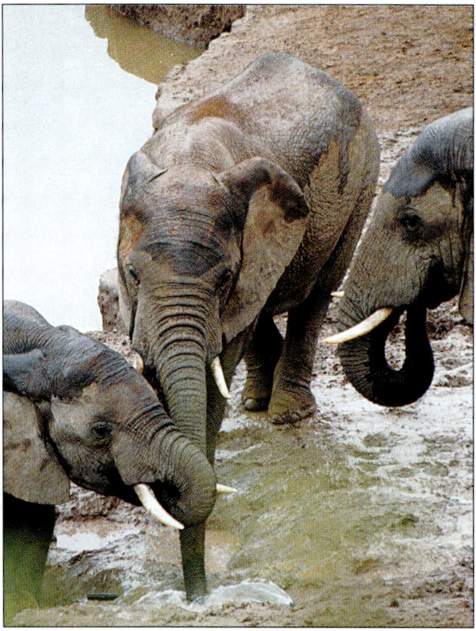

080rf Abb.: hh

Elefanten beim Bad (Südafrika); Zoom 80–200 mm

081rf Abb.: hh

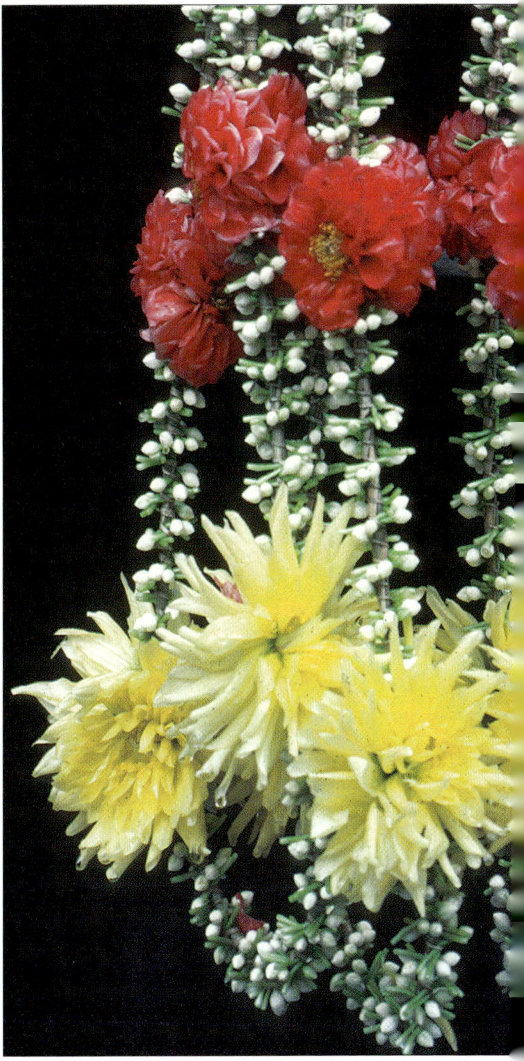

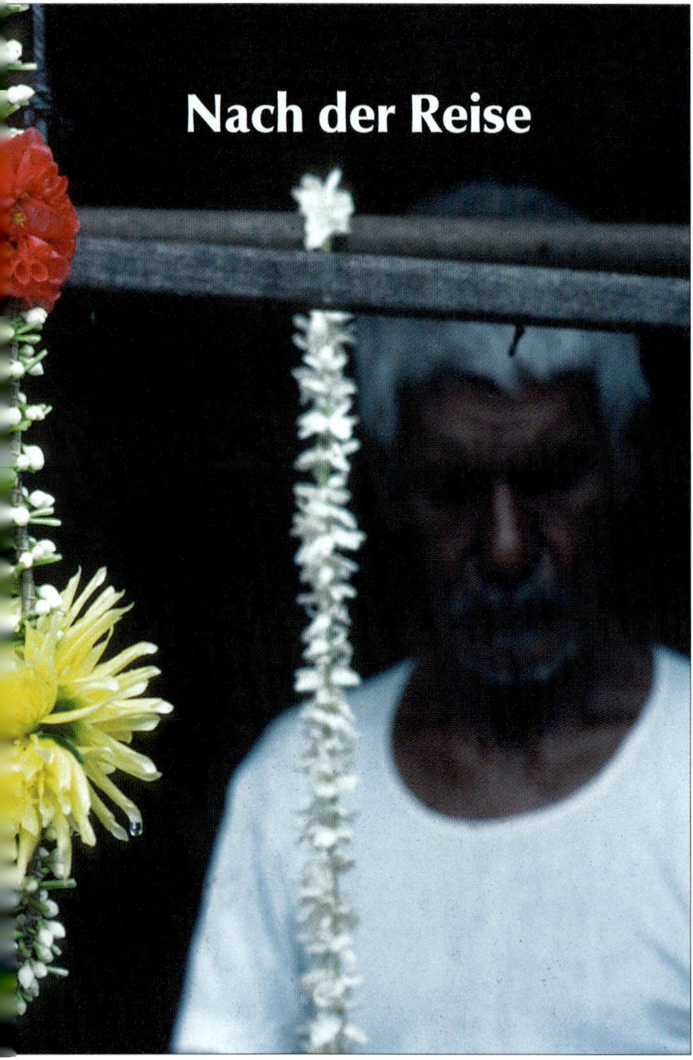
Nach der Reise

Archivierung

Ich archiviere meine Dias in den praktischen **Buchkassetten** „Journal 24" der Firma Archivtechnik Kunze, Postfach 1244, 75352 Calw. Diese Kassetten aus transparentem Hartplastik lassen sich wie ein Buch aufschlagen und fassen jeweils 24 Dias. Auf dem Leuchttisch ausgelegt, verschaffen sie einen schnellen Überblick. Nach Gebrauch stellt man sie wieder senkrecht in die Regale.

Meine Kassetten sind nach Ländern und Reisen **sortiert.** Beim Einlegen der Dias kommt es mir weniger auf eine genaue chronologische Folge der Reise an, sondern auf eine sinnvolle Zusammenfassung nach bestimmten Gruppen. Ich unterteile zumeist in Städte, Landschaften, Porträts, Kinder, Landwirtschaft, Persönliches, Verkehr, Feste, Nationalparks, Stimmungen, Blumen und Pflanzen etc. Die Themen ergeben sich aus der Reise.

PC-Dia-Verwaltung

Größere Bildarchive verwaltet man am besten mit spezieller PC-Software, Angebote finden sich in Fotozeitschriften. Die Firma Bonacker bietet z.B. auch ein Programm für das Etikettieren von Dias an. Fa. Bonacker GmbH, Postfach 71 01 30, 28761 Bremen, www.abodia.de

Bildverkäufe

Welches marktübliche **Honorar** kann ich für meine Fotos in Rechnung stellen, wenn eine Zeitung, Illustrierte oder ein Verlag sie veröffentlicht? Richtwerte bietet die Broschüre „Bildhonorare" des Bundesverbandes der Pressebild-Agenturen und der Bildarchive (BVPA). Die Gebührenliste gibt es im Doppelpack zusammen mit dem Handbuch „Der Bildermarkt", das einen Überblick von über 80 Agenturen und deren Ausrichtung gibt. Erhältlich über den BVPA, Fax 030-3247001 oder per eMail: info@bvpa-ev.de.

Daneben kann man Dias auch bei **Online-Agenturen** vermarkten bzw. suchen, z.B. bei

- Vivida GmbH, Junkerstr. 1, 82178 Puchheim, www.vivida.com
- PIAG, Stefanienstraße 25, 76530 Baden-Baden, www.piag. de mit www.fotomarktplatz.de
- www.photonet.de: Bildangebote u.v.a. mehr

Dia-Vorträge

In Städten zeigen zahllose Plakatanschläge für Dia-Vorträge, dass es trotz der großen Konkurrenz heute immer noch viele ihre Reiseabenteuer auf diese Weise vermarkten wollen. Doch von der Reise und der Idee bis zu Vorführungen ist es ein weiter Weg.

Die Faszination, die von einer professionell aufgezogenen Diashow ausgeht, darf nicht zu der Annahme verleiten, dazu bedürfe es nur einige Hundert guter Dias und eines schönen Reiselandes bzw. eines interessanten Themas. Perfekte Diashows vor großem Publikum sind heutzutage anspruchsvolle mediale Präsentationen, die nur wenige Diavortragende perfekt beherrschen. Ein Besuch eines Vortrags z.B. von Michael Martin, Hartmut Krinitz, A. Brümmer/P. Glöckner, Dieter Glogowski und anderen bekannten Diareferenten wird dies schnell klarmachen. Aktuelle Vortragstermine erfährt man unter www.dia.de.

Wer diesen ganz bestimmt nicht einfachen Weg wagen will, dem sei weiterführende **Fachliteratur** (siehe Anhang) empfohlen.

Audiovisuelle Programme *bieten unter anderem folgende Hersteller an:*

- *Bässgen AV-Technik, Hauptstr. 58, 79104 Freiburg, Tel. (0761) 23953, www.baessgen.de und www.dia.de*
- *Richter & Wehner Präsentationstechnik, Auf dem Berg 7, 59387 Ascheberg, Tel. (02593) 98888, www.mobjects.com*
- *Stumpfl GmbH, Mitterweg 46, A-4702 Wallern, Tel. +43 (7249) 42811, www.stumpfl.com*

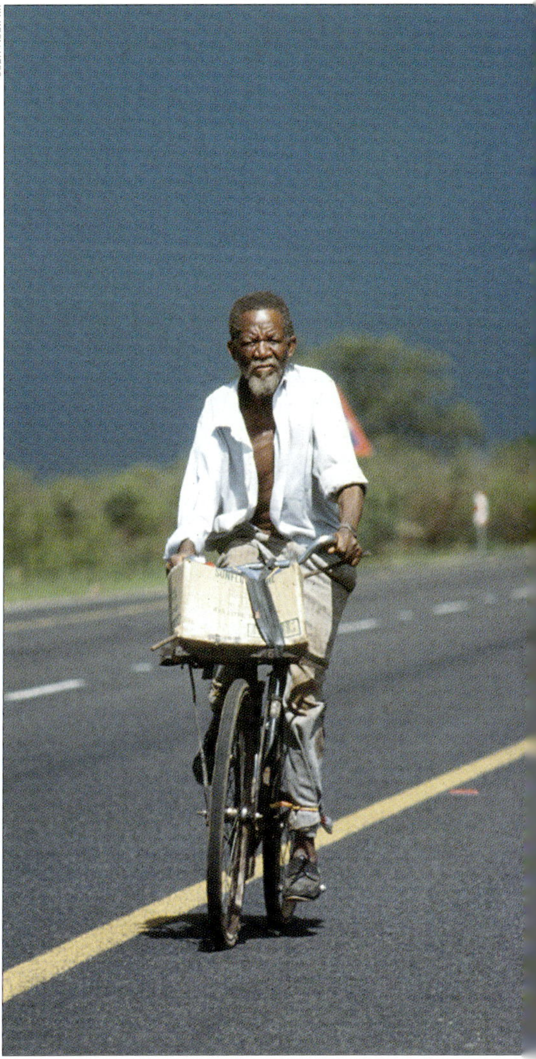

Radfahrer vor Gewitterfront (Südafrika); Tele 300 mm

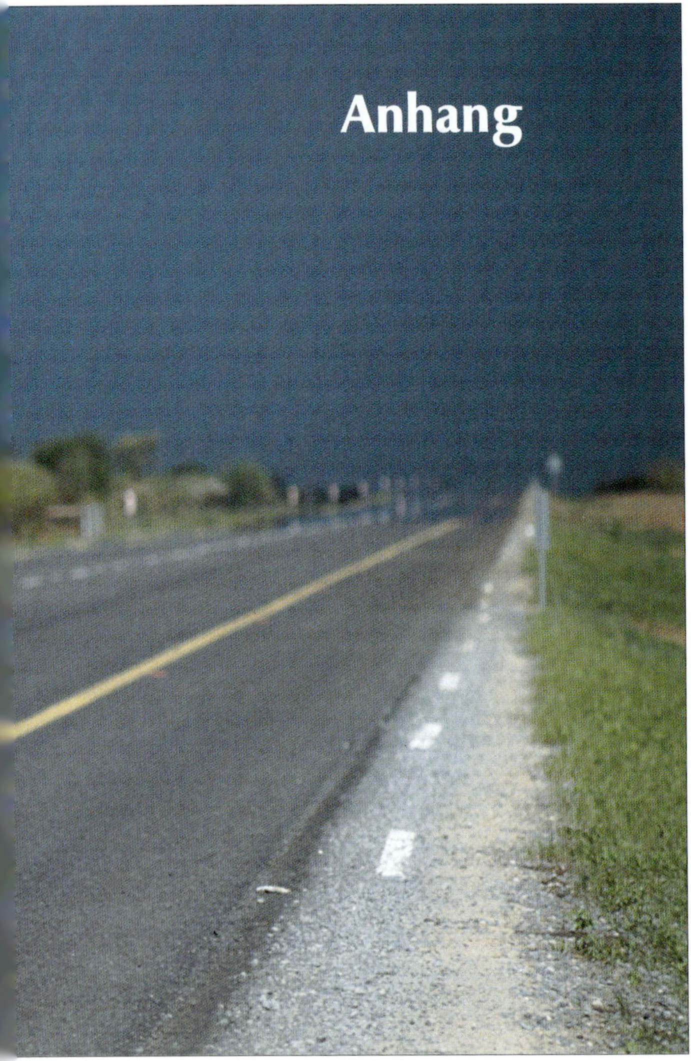
Anhang

Infos aus dem Internet

Hier ein (unvollständiges) Verzeichnis wichtiger Internet-Adressen für weitere Infos rund um die Themen Kameras, Objektive, Technik, Fotografie, Diashows und mehr. Internet-Seiten über nicht aufgeführte Themen findet man über eine gute Suchmaschine (z.B. www.google.de).

- www.agfaphoto.de
- www.canon.de
- www.fuji.de
- www.interlog.com (für EOS-Kameras)
- www.konica.co.jp
- www.kyocera.de (Contax-Kameras)
- www.leica-camera.de / www.rit.edu
- www.minolta.de / www.minmail.org
- www.nikon.de / www.nikonusers.org
- www.olympus.de
- www.pentax.de
- www.powershot.de
- www.ricoh.de
- www.rollei.de
- www.samsungcamera.de
- www.sigma-foto.de
- www.soligor.de
- www.sony.de
- www.voigtlaender.de
- www.zeiss.de

Foto-Web-Sites, Newsgroups

- www.photo.net
- www.laterna-magica.de (mit Nikon-Forum)

Literaturtipps

Zeitschriften

- **Color Foto,** Vereinigte Motor-Verlag, Leuschnerstr. 1, 70174 Stuttgart
- **fotoMagazin,** Chiemgauer Str. 109, 81549 München
- **Naturfoto,** Tecklenborg Verlag, Siemensstr. 4, 48565 Steinfurt

Bücher

Foto-Fachbücher zu speziellen Themen aus allen Bereichen der Fotografie findet man beispielsweise:

- im Foto-Katalog von Foto-Huppert, Cronenbergerstraße 332a, 42349 Wuppertal, Tel. (0202) 401199, Fax 402325.
- im umfangreichen Katalog von Lindemanns Buchhandlung, Nadlerstraße 10, 70173 Stuttgart

Diapräsentation

- **Die perfekte Diashow,** Michael Martin u.a., Augustus-Verlag, ISBN 3-8043-5104-4
- **Magazin „Dia-Vision“,** Imagination-Verlag, Langes Gewann 25, 78052 VS-Pfaffenhofen, info@av-imagination.de
- **Fotozeitschrift „Dia-Magazin“,** fotoforum-Verlag M. Breutmann, Ludwig-Wolker-Str. 37, 48157 Münster.

Südostasien

Die praktischen Begleiter für die beliebtesten Reiseziele der Region – aktuell vor Ort recherchiert und mit großer Sachkenntnis geschrieben.

Gunda Urban, Peter Rump

Bali & Lombok

744 Seiten, 90 Karten und Pläne,
farbiger Kartenatlas, großer Farbteil

Michael Schultze

Laos

432 Seiten, 20 Karten und Pläne,
farbiger Kartenatlas

Lutterjohann, Homann, Kuster

Malaysia

mit Singapur und Brunei
672 Seiten, 84 Karten und Pläne,
durchgehend illustr., großer Farbteil

Rainer Krack

Thailand

870 Seiten, 112 Karten und Pläne,
farbiger Kartenatlas, großer Farbteil

H. Kothmann, W.-E. Bühler

Vietnam

576 Seiten, 40 Karten und Pläne,
farbiger Kartenatlas, großer Farbteil

Reise Know-How Verlag,
Bielefeld

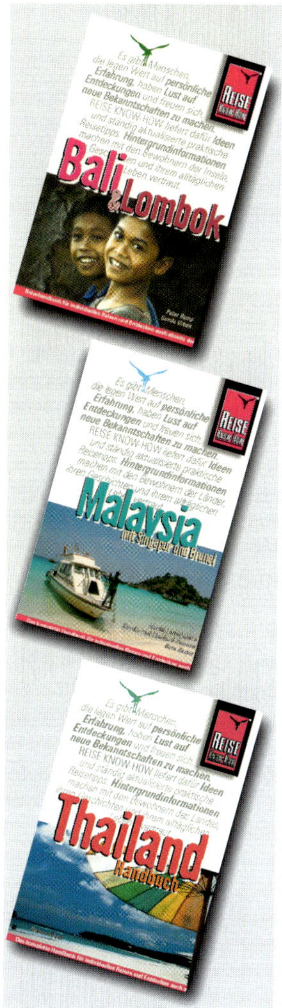

Mittelamerika

Aktuell recherchierte Spezialreiseführer mit kompletten Informationen für Reisen abseits der bekannten Pfade.

Detlef Kirst

Costa Rica

648 Seiten, 61 Karten und Pläne, farbiger Kartenatlas, großer Farbteil

Barbara Honner

Guatemala

568 Seiten, 20 Karten und Pläne, farbiger Kartenatlas

Hans-Gerd Spelleken

Honduras

456 Seiten, 35 Karten und Pläne, durchgehend illustriert

Linda O'Bryan, Hans Zaglitsch

Panama

504 Seiten,40 Karten und Pläne, durchgehend illustr.

Helmut Hermann

Mexiko

864 Seiten, mehr als 100 Karten und Pläne, durchgehend illustr.

Reise Know-How Verlag, Bielefeld

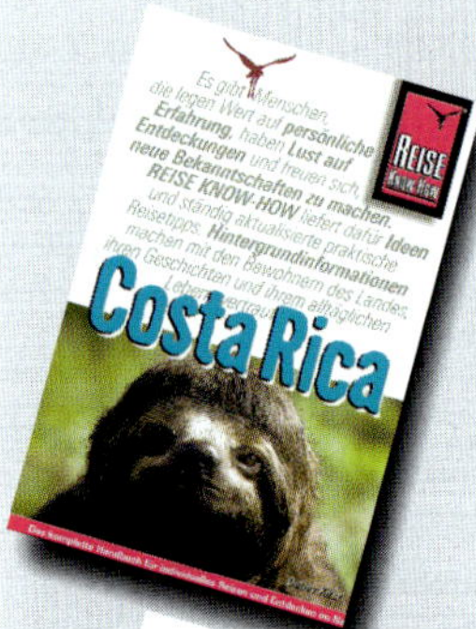

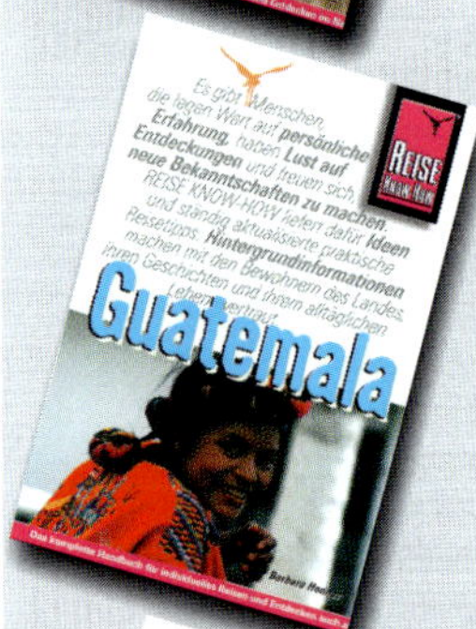

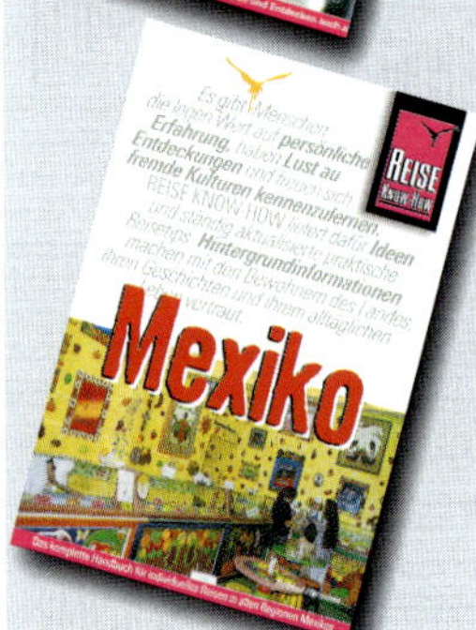

Praxis – die neuen handlichen Ratgeber

Wer seine Freizeit aktiv verbringt und moderne Abenteuer sucht, braucht spezielles Wissen, das in keiner Schule gelehrt wird. REISE KNOW-HOW beantwortet die vielen Fragen rund um Freizeit, Urlaub und Reisen in der Ratgeberreihe: „Praxis".

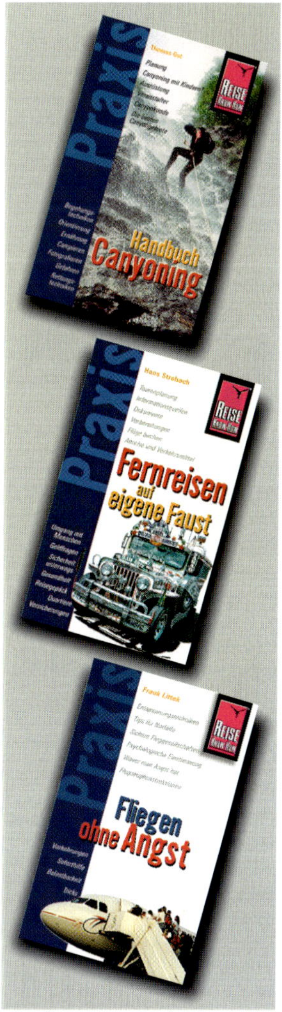

Helmut Schäfer
All inclusive?

Thomas Gut
Canyoning Handbuch

Hans Strobach
Fernreisen auf eigene Faust

Frank Littek
Fliegen ohne Angst

Peter Günther
Inline-Skating

Gunter Schramm
Internet für die Reise

Volker Heinrich
Kommunikation von unterwegs

Wilfried Krusekopf
Küstensegeln

Harald A. Friedl
Respektvoll reisen

Volker Heinrich
Reisefotografie digital

Friederike Vogel
Sonne, Wind und Reisewetter

Pia Thauwald
Transsib – von Moskau nach Peking

Jeder Titel:
144-160 Seiten, robuste Fadenheftung,
Taschenformat 10,5 x 17 cm,
Register und Griffmarken
Weitere Titel siehe Seite 154.

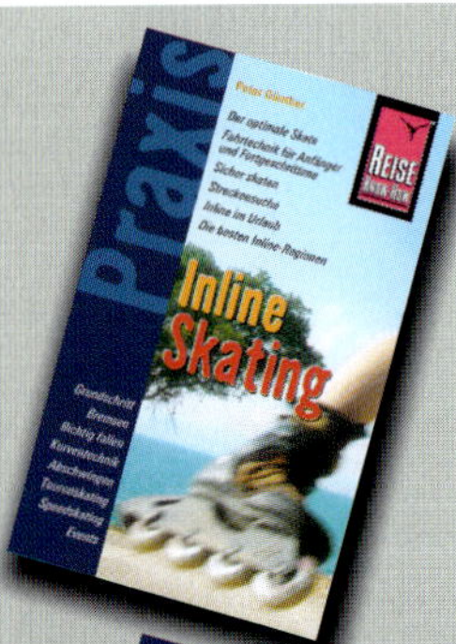
Praxis
Inline Skating

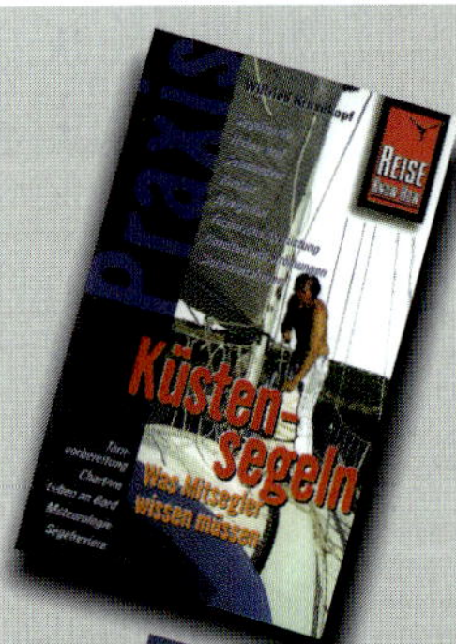
Praxis
Küsten-Segeln
Was Mitsegler wissen müssen

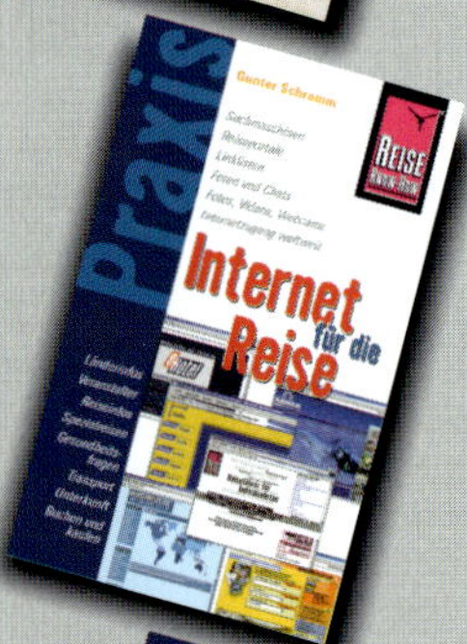
Praxis
Internet für die Reise

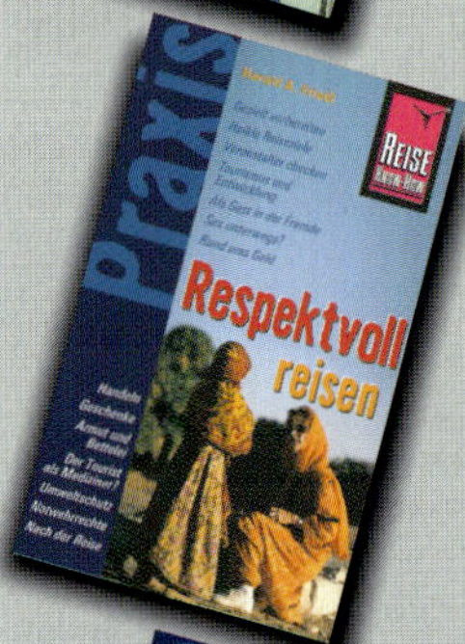
Praxis
Respektvoll reisen

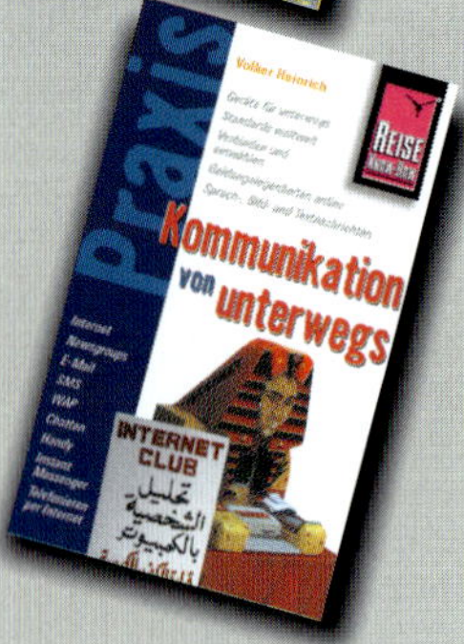
Praxis
Kommunikation von unterwegs
INTERNET CLUB

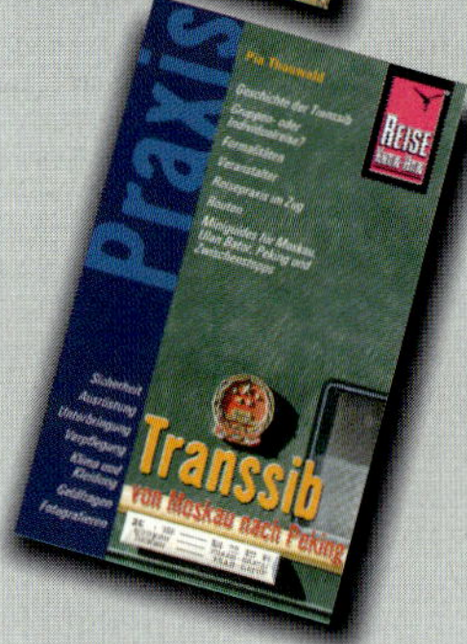
Praxis
Transsib
von Moskau nach Peking

Alle Reiseführer auf einen Blick

Reisehandbücher
Urlaubshandbücher
Reisesachbücher
Rad & Bike

Afrika, Bike-Abenteuer
Afrika, Durch
Agadir, Marrakesch und Südmarokko
Ägypten
Alaska ↗ Canada
Algerische Sahara
Amrum
Amsterdam
Andalusien
Äqua-Tour
Argentinien, Uruguay und Paraguay
Äthiopien
Auf nach Asien!

Bahrain
Bali und Lombok
Bali, die Trauminsel
Bali: Ein Paradies ...
Bangkok
Barbados
Barcelona
Berlin
Borkum
Botswana
Bretagne
Budapest
Bulgarien

Cabo Verde
Canada West, Alaska
Canadas Ost, USA NO
Chile, Osterinseln
China Manual
Chinas Norden
Chinas Osten
Costa Blanca
Costa Brava
Costa de la Luz
Costa del Sol
Costa Dorada
Costa Rica
Cuba

Dalmatien
Dänemarks Nordseeküste
Dominikanische Republik
Dubai, Emirat

Ecuador, Galapagos
El Hierro
England – Süden
Erste Hilfe unterwegs
Europa BikeBuch

Fahrrad-Weltführer
Fehmarn
Florida
Föhr
Fuerteventura

Gardasee
Golf v. Neapel, Kampanien
Gomera
Gran Canaria
Großbritannien
Guatemala

Hamburg
Hawaii
Hollands Nordseeinseln
Honduras
Hongkong, Macau

Ibiza, Formentera
Indien – Norden
Indien – Süden
Irland
Island
Israel, palästinens. Gebiete, Ostsinai
Istrien, Velebit

Jemen
Jordanien
Juist

Kairo, Luxor, Assuan
Kalifornien, USA SW
Kambodscha
Kamerun
Kanada ↗ Canada
Kapverdische Inseln
Kenia
Korfu, Ionische Inseln
Krakau, Warschau
Kreta
Kreuzfahrtführer

Ladakh, Zanskar
Langeoog
Lanzarote
La Palma
Laos
Lateinamerika BikeBuch
Libanon
Libyen
Ligurien
Litauen
Loire, Das Tal der
London

Madagaskar
Madeira
Madrid
Malaysia, Singapur, Brunei
Mallorca
Mallorca, Reif für
Mallorca, Wandern
Malta
Marokko
Mecklenb./Brandenb.: Wasserwandern

Reise Know-How

Edition RKH

Alle Reiseführer auf einen Blick

Praxis

All Inclusive?
Als Frau allein unterwegs
Canyoning
Clever buchen – besser fliegen
Daoismus erleben
Dschungelwandern
Essbare Früchte Asiens
Fernreisen
Fernreisen, Fahrzeug
Fliegen ohne Angst
Fun & Sport in Eis & Schnee
GPS f. Auto, Motorrad, Wohnmobil
GPS Outdoor-Navigation
Heilige Stätten Indiens
Hinduismus erleben
Höhlen erkunden
Inline-Skaten Bodensee
Inline-Skating
Islam erleben
Kanu-Handbuch
Kreuzfahrt-Handbuch
Küstensegeln
Maya-Kultur erleben
Orientierung mit Kompass und GPS
Paragliding-Handbuch
Pferdetrekking
Reisefotografie
Reisefotografie digital
Reisen und Schreiben
Respektvoll reisen
Richtig Kartenlesen
Safari-Handbuch Afrika
Schutz vor Gewalt und Kriminalität
Schwanger reisen
Selbstdiagnose u. Behandlung unterwegs
Sicherheit/Bärengebiete
Sicherheit/Meer
Sonne, Wind und Reisewetter
Survival-Handbuch, Naturkatastrophen
Tauchen in kalten Gewässern
Tauchen in warmen Gewässern
Transsib – von Moskau nach Peking
Trekking-Handbuch
Tropenreisen
Vulkane besteigen
Was kriecht u. krabbelt in den Tropen
Wein-Reiseführer Dtschl.
Wildnis-Ausrüstung
Wildnis-Backpacking
Wildnis-Küche
Winterwandern
Wohnmobil/Indien und Nepal
Wracktauchen weltweit

KulturSchock

Afghanistan
Ägypten
Brasilien
China
Golf-Emirate, Oman
Indien
Iran
Islam
Japan
KulturSchock
Marokko
Mexiko
Pakistan
Russland
Spanien
Thailand
Türkei
Vietnam

Wo man unsere Reiseliteratur bekommt:

Jede Buchhandlung in der BRD, der Schweiz, Österreichs und in den Benelux-Staaten kann unsere Bücher beziehen. Wer trotzdem keine findet, kann alle Bücher über unseren Internet-Shop unter **www.reise-know-how.de** oder **www.reisebuch.de** bestellen.

Mit Reise Know-How gut orientiert

Wer sich in seinem Reiseland zurechtfinden und orientieren möchte, kann sich mit den Landkarten von Reise Know-How auf Entdeckungsreise begeben.

Egal, ob bekannte Sehenswürdigkeit oder Naturschönheit fernab jeglicher Touristenroute: Die Karten aus dem Hause Reise Know-How leiten Sie sicher an Ihr Ziel.

Landkarten:
In Zusammenarbeit mit dem world mapping project gibt Reise Know-How detaillierte, GPS-taugliche Landkarten mit Höhenschichten und Register heraus, so zum Beispiel:

- Argentinien (1:2 Mio)
- Australien (1:4,5 Mio)
- Cuba (1:850.000)
- Island (1:400.000)
- Kreta (1:140.000)
- Mexiko (1:2,25 Mio)
- Neuseeland (1:1 Mio)
- Nord- und Südskandinavien (je 1:875.000)
- Pyrenäen (1:250.000)
- Sri Lanka (1:500.000
- Südafrika (1:1,7 Mio)
- Tibet (1:1,5 Mio)

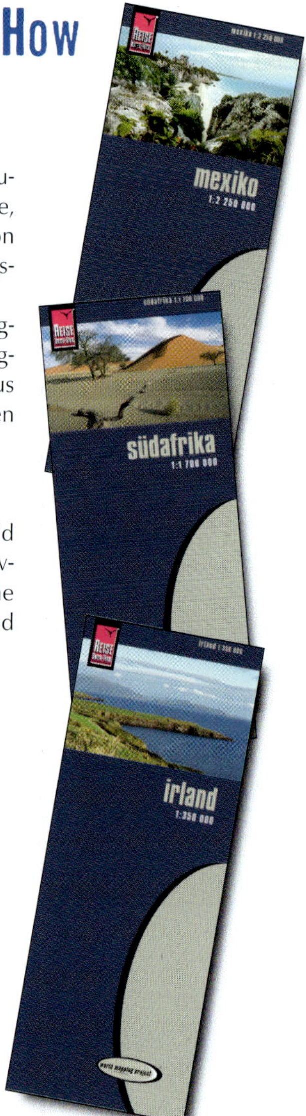

world mapping project
Reise Know-How Verlag, Bielefeld

Register

083rf Abb.: hh

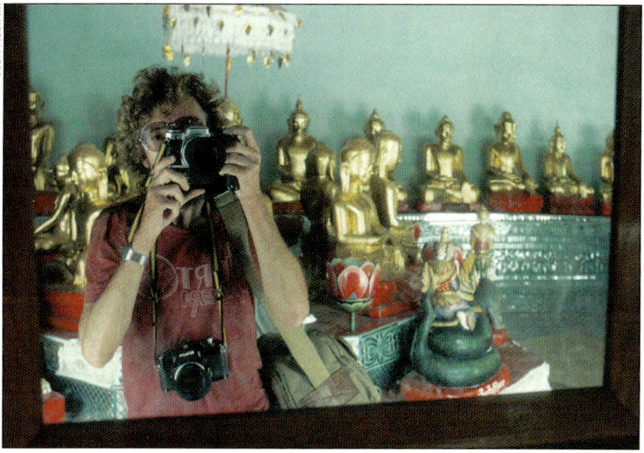

Der Autor

Helmut Hermann, Jahrgang 1946, reist seit 1973 als freier Fotograf und Schriftsteller durch die Welt: Mit dem Fahrrad durch Afrika, mit dem Rucksack von Thailand nach Tahiti, mit einem VW-Bus auf der Panamericana von Feuerland nach Alaska ... und bis heute trifft man ihn immer wieder in anderen Ländern. Seine bevorzugten Ziele sind Mexiko, Südafrika und Namibia.

Unzählige Diavorträge von seinen Reisen machten ihn weit über seinen Wohnort Markgröningen bei Stuttgart hinaus bekannt. Seine Fotos erschienen in Bildbänden, Reiseführern, Zeitungen, Kalendern und entwicklungspolitischen Publikationen. Heute gehört er zu den (schreibenden) Verlegern der Verlagsgruppe Reise Know-How. Neben dem Fotobuch „Die Welt im Sucher“ verfasste er unter anderem den Reiseführer Mexiko.